"十四五"时期国家重点出版物出版专项规划项目

主编：傅诚德 ｜ 副主编：高瑞祺　章卫兵

走进石油（第二版）
Touch the Petroleum

国民经济的命脉
—— 石油经济

王　震　潘　涛
刘明明　王建良　等编著

石油工业出版社

图书在版编目（CIP）数据

国民经济的命脉：石油经济 / 王震等编著．
—北京：石油工业出版社，2023.12
走进石油（第二版）
ISBN 978-7-5183-6367-4

Ⅰ．①国… Ⅱ．①王… Ⅲ．①石油经济–研究 Ⅳ．
①F407.22

中国国家版本馆 CIP 数据核字（2023）第 190843 号

出版发行：石油工业出版社
　　　　　（北京安定门外安华里 2 区 1 号　100011）
　　　　　网　　址：www.petropub.com
　　　　　编辑部：（010）64523708　图书营销中心：（010）64523633
经　　销：全国新华书店
印　　刷：北京中石油彩色印刷有限责任公司

2023 年 12 月第 1 版　2023 年 12 月第 1 次印刷
710×1000 毫米　开本：1/16　印张：13
字数：156 千字

定价：60.00 元
（如出现印装质量问题，我社图书营销中心负责调换）
版权所有，翻印必究

《走进石油》(第二版)

丛书编委会

主　任：匡立春
副主任：傅诚德　江同文　雷　平
委　员：李　宁　苏义脑　胡文瑞　黄维和　徐春明　邹才能
　　　　高瑞祺　王大锐　吴　奇　胡　杰　何盛宝　马宝金
　　　　闫伦江　王　震　曾　萍　李俊军　张　镇　王雪松
　　　　章卫兵

丛书编写组

主　编：傅诚德
副主编：高瑞祺　章卫兵
成　员：（按姓氏笔画排序）
　　　　马新福　王长会　方　可　丛者峰　吕焕通　刘明明
　　　　闫建文　李　中　李　欣　张贺恩　陈朋超　武宏亮
　　　　周英操　庞奇伟　孟祥海　胡才仲　娄舒洁　崔玉波
　　　　葛稚新　谢水祥　潘玉全

本书编写组

组　长：王　震

副组长：潘　涛　刘明明　王建良

成　员：（按姓氏笔画排序）

　　　　李展　张安　赵林　唐旭　程承　薛庆

序（第二版）

石油和天然气作为世界主要能源和优质化工原料，是当今社会经济发展中最重要的生产力要素之一。目前，世界能源消费结构份额中，石油占比最大，石油与天然气占比合计超过一半。一个国家对石油和天然气的拥有量和占有量已成为其综合国力的重要标志。半个世纪前，美国前国务卿基辛格博士曾说，谁控制了石油，谁就控制了所有国家。石油的供需状况不仅在相当大的程度上直接影响一个国家的经济稳定和战略安全，而且往往成为影响一个地区乃至全球政治经济秩序的重要因素。

当前，以可再生能源+能源互联网为核心的第三次工业革命正在快速推进，大力发展可再生能源已成为全球能源革命和应对全球气候变化的普遍共识。在国家"碳达峰、碳中和"目标背景下，石油工业面临能源结构调整的巨大压力，也迎来了推进绿色低碳转型和能源科技创新的时代机遇。据多家权威机构预测，石油和天然气仍然是人类近50~100年的主导能源，世界各国继续把发展石油和天然气，保持和增加对其拥有量和占有量作为重大战略问题。科学技术越发成为保障国家能源安全，提升石油行业竞争力的重要手段。

科技创新、科学普及是实现创新发展的两翼。许多伟大的科学家和创新者都是通过科学普及这扇大门进入神秘的科学世界。为了让国内外更多读者了解石油、走进石油，2006年由中国石油学会科普教育委员会和石油工业出版社共同组织出版了《走进石油》科普丛书。丛书由傅诚德教授主编，侯祥麟、田在艺两位院士作序，出版后受到我国石油科技界和社会大众的广泛支持和欢迎。

近年来，世界石油科技突飞猛进，新能源产业也在蓬勃发展，新理论、新方法、新工艺层出不穷，大数据、云计算、人工智能等新技术与石油工业的融合日趋紧密，因此亟待向业内和社会大众推广和普及。《走进石油》（第二版）在第一版10个分册的基础上扩充到15个分册，条目由600多条增加到1200多条，涵盖了石油石化行业完整的知识链，内容新颖，图文并茂，是一套兼具科学性、通俗性和趣味性的科普丛书。读者看到的不仅仅是一个又一个知识闪光点，还将回眸石油科技创新和发展的非凡历程，感受科技工作者创新创造的科学家精神，触摸石油工业无比璀璨的未来。

在此，谨对《走进石油》（第二版）的出版表示热烈祝贺。我相信，随着这套丛书的出版发行，一定会有更多的读者以此为阶梯，迈向石油科学技术的高峰。

时任中国科协党组书记、分管日常工作副主席、书记处第一书记
现任国务院国有资产监督管理委员会党委书记、主任
中国工程院院士

编者的话

石油，顾名思义，就是石头里产出来的油。和煤、铁、铜、金等矿藏一样，石油也是一种产于地壳中的宝贵矿藏，但它以一种流体形态赋存于地下。世界上第一个提出"石油"这一科学命名的人是中国北宋科学家、曾任陕西延安府太守的沈括（1031—1095）。在他所著的《梦溪笔谈》中记载："鄜、延（即鄜、延二州，今陕西延安一带）境内有石油，旧说'高奴县出脂水'，即此也。"他还曾预言"此物后必大行于世，自余始为之"。而在国外，直至1556年才由德国人乔治·拜耳提出石油（Petroleum）一词，Petro 指岩石，Oleum 指油脂，二者合在一起即石油。中国沈括命名石油比西方国家早了约500年。

无论是作为燃料，还是以它为原料制成的各种产品，石油已经渗透到人类社会的各个领域。汽车、飞机和轮船使用的汽油、航空煤油、柴油等动力燃料由石油炼制而来，人们日常生活中离不开的塑料、橡胶制品和绚丽多彩的服装鞋帽等，都与石油息息相关。因此，石油有了"工业的血液""黑色的金子"等美誉。石油如此珍贵，不仅在改变着人们的生活，也让世界上有些国家为争夺石油资源而上演一场场惊心动魄的地缘争斗。据统计，20世纪后半叶发生的地区冲突大多与石油有关。

石油工业的发展和石油科学技术的进步，不仅对国家能源安全、国民经济建设和国防现代化具有重要意义，而且与全面建设小康社会以及人们的衣、食、住、行紧密相关。为了让广大读者一探石油工业的究竟，更深入地理解石油与我们生活的关系，促进石油科技知识的传播，中国石油学会科普教育委员会和石油工业出版社于2006年共同组织出版了石油科普系列丛书《走进石油》（第一版），丛书由傅诚德教授主编，石油行业内100多位知名专家参与编写，包括《石油地质》《石油地球物理勘探》《石油地球物理测井》《石油钻井》《石油开发》《石油开采》《石油储存与运输》《石油炼制与化工》《石油经济》《石油环境保护》10个分册。中国科学院与中国工程院两院院士、中国石油学会名誉理事长、原石油工业部副部长侯祥麟先生和中国科学院院士、中国石油学会第一届科普教育委员会主任田在艺先生多次指导并为丛书作序。《走进石油》（第一版）自2006年出版以来，受到社会各界读者的广泛好评，2009年作为主要书目入选由中宣部、中央文明办、新闻出版总署主办的"全民阅读"优秀项目——中国石油"千万图书送基层，百万员工品书香"活动。丛书重印5次，累计发行7.6万余套，合计76万余册，多年来一直是中国石油远程培训的重要教材之一。

《走进石油》（第一版）出版至今已有将近20年时间。近20年来，石油科技迅速发展，计算机、互联网、物联网技术在石油工业得到全面应用，石油勘探、石油开发、炼油化工等专业技术与大数据、人工智能、数字孪生等数字技术深度融合，碳纤维等高分子材料、复合材料更深入地向多领域延伸，氢能、太阳能、核能等新能源技术和"双碳三新"目标的提出正在加速推动石油工业的转型，石油科技正在全面突飞猛进，石油行业的新理论、新技术和新方法层出不穷，因此《走进石油》（第一版）已经难以满足当前石油科技知识普及的需求。为此，2020年傅诚德教授和高瑞祺教授提议对《走进石油》（第一版）进行修订，得到了中国石油科技管理部和石油工业出版社的大力支持和积极响应。

侯祥麟院士在《走进石油》（第一版）序中强调"科学的发展和技术的创新，只有被公众掌握，才能变成巨大的生产力，才能加快科技成果向现实生产力的转化"。为了更好达此目标，使《走进石油》（第二版）内容质量和展现形式更上一层楼，丛书编委会从一开始顶层设计就集思广益，聚贤汇智，由苏义脑、胡文瑞、黄维和、邹才能、徐春明、李宁六位院士和行业权威专家分别担任15个分册的主编，150多位技术专家参与编写，20余家石油石化企业、科研院所、行业学会（协会）鼎力支持。

《走进石油》（第二版）是一套理念先进、体系完整、知识丰富的科普巨制；以1200多个知识点，构成了系统完整的石油石化知识链，并依托丰富的表现形式，为读者拓宽了"走进石油"的路径。一是对知识体系进行合理扩展：将第一版的《石油炼制与化工》分册扩展为《石油炼制》和《石油化工》两个分册，增加《天然气》《海洋石油》《新能源》《智慧石油》4个分册，全景再现了石油工业全产业链的知识景观；二是对技术亮点进行有序重构：准确把脉石油行业主体学科专业新理论、新技术、新工艺、新成果以及发展趋势，突出读者关注度较高、应用效果显著的知识点，让每一分册都能够形成主次分明、重点突出的亮点结构；三是对新兴科技进行科学展望，呈现其广阔的发展前景。

为了使《走进石油》（第二版）在第一版的基础上增强文章的科普性、趣味性，丛书编委会对编写组织和图书表现手法等进行了独特的探索。在第二版中，由技术专家与科普作家深度参与协同创作，实现了内容科学性、通俗性、趣味性的统一；首次使用富媒体技术，实现了视觉空间展现与平面阅读方式的融合；首次面向全社会征集"油博士"卡通形象，让"油博士"引领读者走进石油，实现了各分册知识板块的有机结合；首次采用系列自创插图，使读者通过插图扫除文字理解障碍，引领阅读进入"读图时代"。

《走进石油》（第二版）的出版，不仅是向社会推出的一套传播石油知识的图书，更是一项提高全民科学素质的文化工程，其意义将随着时间的推移愈显重要。特别指出的是，为了这项文化工程的如期完工，编写队伍付出了巨大的努力。在三年多的创作时间里，适逢百年不遇的新冠肺炎疫情肆虐，编写组成员克服各种困难完成了撰写任务。

在本套丛书的编写出版中，中国石油科技管理部领导给予了重要指导和支持，中国科协、中国石油学会、中国化工学会、中国石油科协、中国石油大学（北京）、中国石油大学（华东）、长江大学、西南石油大学、东北石油大学、西安石油大学、中国石油勘探开发研究院、中国石油深圳新能源研究院、中国石油石油化工研究院、中国石油工程技术研究院、中国石油安全环保技术研究院、中国石油东方地球物理勘探有限责任公司、中国石油海洋工程有限公司、中国石油数字和信息化管理部、中国海油能源经济研究院、国家管网集团科学技术研究总院、昆仑数智科技有限责任公司等企业单位、科研院所、学会（协会）和高等院校提供了大力支持，在此表示由衷感谢！石油工业出版社对本套丛书的编写出版非常重视，专门配备了最强编辑力量配合作者和丛书编写组完成稿件编写和审核，向石油工业出版社提供的支持表示感谢！最后，向在本套丛书策划、编写、审稿和出版过程中提供创意、建议和意见的专家表示感谢，也向每一位不计得失、笔耕不辍的作者表示诚挚的谢意！

　　社会希望了解石油，石油工业的发展需要社会的支持。希望我们精心组织编写的石油科普系列丛书——《走进石油》（第二版）能为广大读者了解石油工业提供帮助，更能为我国石油工业的发展贡献一份力量！

分册前言

本书作为石油科普读物，2006年出版的第一版是在系统学习借鉴国内外有关石油经济读物的基础上，参照产业经济的相关理论体系，针对读者关注的重点热点问题进行的梳理和阐述。过去十几年以来，世界经济和地缘政治格局发生了深刻变化，全球能源行业正在发生深刻变革，以页岩油气为代表的非常规能源蓬勃发展，天然气在能源转型中的地位和作用更加突出，"石油经济"的话题更加丰富和多元。本次修订充分结合时代变迁及读者、专家的反馈意见，坚持专业与科普相结合，遵循发展逻辑，调整框架结构，完善表述风格，冀望从通俗易懂的非技术层面，给读者呈现新时代石油经济的全貌。

从《汉书》载有"高奴有洧水可燃"到《梦溪笔谈》记录的"延川石液"可知，石油的发现由来已久，但在漫长的古老岁月中，生物质能源占据绝对优势。直到1859年，现代石油工业诞生，波澜壮阔的石油工业历史拉开帷幕。本书以此历史节点为开篇，向读者全面展示石油经济的前世今生。主要分析了石油供应与安全如何撼动全球、石油商品与消费如何牵动民生；解读了为何石油贸易与战争往往与政治和经济交错互织；系统地结合事件案例，阐述了石油市场与石油价格扑朔迷离的机理所在；纵览石油经济产业链，全面介绍了国际石油工业巨头、组织及其相互关系，以及能源转型面临的发展与抉择；围绕国际合作，提出了企业与国家之间的合作关系及利益分配模式；结合绿色发展，分享了与原油经济相伴而生的天然气经济，进一步向读者展示了石油经济的整体画卷和丰富内涵。作为科普读物，本书主要以问答的方式向读者展示石油经济的整体内容，旨在让读者能够体验沉浸式阅读，在学习思考中获得新的知识和收获。也期待读者向我们反馈自己的思考及建议，共同促进石油经济理论体系和科普工作的发展。

岁月恒久，再版大益。本书编写组组长为王震，副组长为潘涛、刘明明、王建良，具体分工如下：第一篇由王建良、潘涛编写，第二篇由赵林编写，第三篇由唐旭编写，第四篇由张安编写，第五篇由薛庆编写，第六篇由刘明明、潘涛编写，第七篇由程承编写，第八篇由刘明明、薛庆编写，张宝生参与了全稿条目的制定、审阅并提出了宝贵的修改意见，全书由王震、刘明明、王建良修改定稿。感谢中国石油科技管理部、石油工业出版社精心组织及丛书编委会各位领导专家提出的建设性意见，使我们能够在第一版的基础上，融合国内国际新发展，审思能源行业新理论，以战略的思维和眼光，通过系统的阐述和科学的研究，不断丰富石油经济的有关内容，高质量普及有关石油经济知识。也感谢闫建文教授及其他专家对本书所提的意见，帮助我们在修订时以更加通俗易懂的方式，提升本书作为科普读物的真正价值；我们对本书参考文献中的各位著者致以深深的敬意和谢意，感谢这些专家对石油经济领域相关问题研究做出的贡献。本书图片丰富，选用了摄图网中部分图片，郑清心绘制了部分插图，在此一并表示感谢。

当前，世界百年未有之大变局加速演进，新一轮工业革命和"碳中和"愿景正在重塑能源行业发展，以化石能源清洁化、清洁能源规模化、综合能源一体化、终端能源再电气化为主要特征的能源转型正在加速推进，经济社会用能方式将呈现智能化、绿色化、多元化的发展格局。石油将何去何从？石油工业将走向何方？这些都给石油经济的未来发展增添了更多悬念。但我们有理由相信，因关注而思考，因思考而奋进，石油经济研究将注定在群策群力中不断调整与丰富，以更加科学系统的方式推动石油天然气工业发展，并为整个能源经济发展提供理论基础与成功范式。我们祝愿这种努力能够助力我国能源经济高质量发展，为实现绿色低碳发展、建设美丽中国和能源强国，为促进全球气候和环境治理、推动世界加快能源转型贡献应有的智慧和力量。

限于笔者的知识和水平，书中不足和疏漏之处敬请读者批评指正，我们将虚心接受、持续改进。

目录 Contents

一 波澜壮阔的石油工业史 / 001

现代石油工业诞生以来，其跌宕起伏的发展历程成就了一幅波澜壮阔的历史画卷，其中既有石油资源对经济发展的推动，也有石油危机对经济的重大打击，更有各种国家和组织的勾心斗角。展望未来，全球世界能源转型持续推进，油气发展前景的不确定性增多，世界石油工业的发展仍然充满新的机遇和挑战。

1.1　石油推动世界经济增长　/ 002

1.2　石油产业牵动国民经济的发展　/ 003

1.3　现代石油工业的诞生　/ 005

1.4　当石油工业遇上内燃机　/ 007

1.5　洛克菲勒石油帝国的兴衰　/ 008

1.6　石油"七姊妹"的风云时代　/ 010

1.7　OPEC 的前世今生　/ 012

1.8　震动世界的两次石油危机　/ 015

1.9　国际能源署成立的时代背景与发展定位　/ 017

1.10　中国石油工业的起源与发展　/ 019

二 撼动全球的石油供应与安全 / 023

新的石油资源不断涌现，新的勘探开发技术不断发展，新的石油储备不断建设，看似蓬勃发展的石油产业，却不断受到石油安全的挑战。如何破局，也成为众多消费国不懈努力的根源。

2.1　全球石油资源有多少？　/ 024

2.2　全球主要石油生产国　/ 026

2.3　"资源诅咒"的来龙去脉　/ 028

2.4　美国"页岩革命"重塑全球能源格局　/ 031

2.5　不同资源类型的石油开采成本差异　/ 033

2.6　石油行业持续投资力度　/ 035

2.7　石油储备可以解"燃眉之急"　/ 038

2.8　中国进口原油的来源地　/ 039

2.9　中国油气进口的四大通道　/ 041

2.10　石油供应安全是个伪命题吗？　/ 043

三 牵动民生的石油商品与消费 / 047

石油被誉为"黑色的金子""工业的血液"，是国民经济持续发展的重要支柱，与人类的生活、生产活动密切相关，同时不同国家间也存在价格等方面的差异。新的形势下，石油消费受到诸多挑战，可是，石油能被替代吗？

3.1　石油如何走进我们的日常生活？　/ 048

3.2　人的一生能够消费多少石油？　/ 050

3.3　石油都是怎样被用掉的？　/ 052

3.4　为什么说美国是一个建立在车轮上的国家？　/ 054

3.5　石油的主要消费国有哪些？　/ 055

3.6　石油消费到达峰值了吗？　/ 058

3.7　为什么一桶轻油与一桶重油的价格差异那么大？　/ 060

3.8　为什么不同国家加一升油成本差异那么大？　/ 064

3.9　原油价格降了，成品油为什么没有便宜？　/ 065

3.10　石油会被替代吗？　/ 067

四　政经交织的石油贸易与运输　/ 071

世界石油消费国和产区的不一致性使国际石油贸易成为必然。作为当今世界最大宗的商品贸易，管道输送和海洋船运是最主要的运输方式。面对供应的不确定性，国与国之间如何利用长期供应合同锁定贸易？我们又如何看待贸易中的价格波动？

4.1　石油如何成为"大宗商品之王"？　/ 072

4.2　石油贸易是如何流动的？　/ 073

4.3　全球石油运输的主要路线　/ 076

4.4　石油贸易哪种运输方式最经济？　/ 079

4.5 石油现货贸易为什么
　　 签订长期供应合同？　/ 082

4.6 石油贸易是如何定价的？　/ 083

4.7 我们进口的石油买贵了吗？　/ 086

4.8 为什么低油价下我们没有多买石油？　/ 089

五　扑朔迷离的石油市场与价格　/ 093

　　石油价格作为市场预期的直观映射和交易行为的最终结果，牵动着全球各国政府、企业、金融机构和投资者的神经。经过长期演变，国际石油市场的可交易原油品种超过100种，交易涉及的石油价格多达数百种，扑朔迷离，充满不确定性。如何形成供全球参考的基准价格，金融市场的发展功不可没。

5.1 媒体报道的国际油价到底是什么？　/ 094

5.2 世界上主要的原油交易市场有哪些？　/ 095

5.3 石油现货价格是如何产生的？　/ 097

5.4 石油期货价格是如何发挥作用的？　/ 098

5.5 石油价格影响因素有何特殊性？　/ 101

5.6 石油美元的产生与运行机制　/ 103

5.7 如何客观看待油价预测？　/ 105

5.8 油价波动是否具有周期性？　/ 106

5.9 历史上首次原油负价格
　　 是如何产生的？　/ 108

5.10 美国库欣小镇为什么对油价的
　　　影响那么大？　/ 110

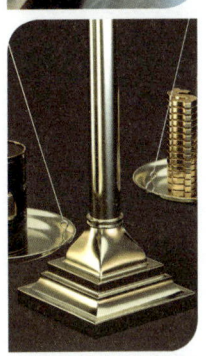

5.11　中国为什么需要原油期货？　/112

5.12　原油生产商如何使用衍生工具
　　　开展套期保值？　/114

5.13　炼油企业如何使用衍生工具
　　　开展套期保值？　/116

六　叱咤风云的石油公司与组织　/119

　　石油公司和石油组织是世界石油工业的重要参与者，它们伴随着石油工业的发展，或此消彼长，或相互促动，依靠各自的独特优势在竞争中不断涅槃。它们是世界石油工业的创造者、推动者，也是世界石油工业发展的有力见证者。

6.1　富可敌国的石油巨人
　　　——国际石油公司　/120

6.2　油气资源的掌控者——国家石油公司　/122

6.3　石油界的技术先锋
　　　——石油技术服务公司　/124

6.4　全球石油界有哪些著名的国际组织？　/126

6.5　中国石油、中国石化、中国海油
　　　有什么区别？　/128

6.6　为什么成立国家油气管网公司？　/131

6.7　中国油公司的国际业务有多大？　/133

6.8　能源转型下石油公司何去何从？　/136

6.9　石油公司 50 强　/137

七　多方博弈的国际石油合作 / 141

资源禀赋的显著差异及油气行业的资金密集型和技术密集型特点，决定了国际合作是石油工业发展的必然选择。参与方围绕权利和义务的博弈，催生了租让制合同、产品分成合同和服务合同等在风险分担和利益分成方面各具特色的合作模式。

7.1　为什么油气行业需要国际合作？　/ 142

7.2　国际油气合作模式演化过程中
　　　国家与石油企业扮演什么样的角色？　/ 144

7.3　矿税制合同下国家与石油企业之间
　　　如何分配利益？　/ 145

7.4　产品分成合同下国家与石油企业之间
　　　如何分配利益？　/ 148

7.5　服务合同下国家与石油企业之间
　　　如何分配收益？　/ 150

7.6　如何评价油气项目的好坏？　/ 152

7.7　石油公司间的竞争与合作格局
　　　是如何演化的？　/ 154

7.8　石油公司如何获取油气资产？　/ 155

7.9　产油国财税政策与油价有什么关系？　/ 157

7.10　国际合作为中国油气行业
　　　带来了什么？　/ 158

7.11　我国石油公司海外油气投资
　　　有什么方式？　/ 160

八　相伴而行的天然气经济 / *163*

　　天然气作为清洁高效的低碳化石能源，肩负着能源消费结构从化石能源向可再生能源过渡的重要使命，在全球能源转型大趋势下受到越来越多的关注。随着液化天然气的发展，全球天然气市场的形成正在加速，各地区的联系也更为紧密。

8.1　天然气消费的黄金时代已经到来？　 / *164*

8.2　全球三大天然气区域消费市场　 / *166*

8.3　LNG 助推全球性天然气市场的形成　 / *169*

8.4　为什么天然气消费峰谷差那么大？　 / *171*

8.5　天然气发电有什么竞争力？　 / *174*

8.6　天然气贸易是如何定价的？　 / *176*

8.7　为什么亚洲天然气溢价那么高？　 / *178*

8.8　居民气价是如何形成的？　 / *180*

8.9　何种储气方式最经济？　 / *183*

参考文献 / *186*

缩写词含义 / *187*

一　波澜壮阔的石油工业史

　　1859年，现代石油工业诞生于美国，其跌宕起伏的发展历程成就了一幅波澜壮阔的历史画卷。以美国人洛克菲勒创建石油帝国——标准石油公司为代表，现代石油工业进入规模化发展的新阶段。汽车工业的诞生和两次世界大战的爆发，确立了石油成为推动人类现代文明进步不可替代的动力能源地位。20世纪的前70年里，石油"七姊妹"实现了对世界石油市场长期强有力的控制。这期间尤其是20世纪五六十年代，石油资源国为争取石油资源主权和石油定价权而与大石油公司展开了不懈斗争，最终促成了代表主要资源国利益的组织——欧佩克的诞生。此后，资源国与西方石油消费国之间的争斗引发了两次"石油危机"，对西方国家的经济造成了巨大打击，世界石油秩序由此发生新调整，国际能源署应运而生。进入21世纪，石油的战略价值和金融属性日益凸显，石油安全问题举世瞩目，世界石油工业的发展面临新的机遇和挑战。

1.1 石油推动世界经济增长

"经济"是每个人都听过,也多少都有点概念的词。但大多数人对于"经济"这个词的理解往往都是"似是而非"的。"经济"实际上是为了满足人类需求而进行物质产品和服务的生产、流通、分配和消费的活动。在这一过程中,生产是基础,消费是终点。那么什么是"经济增长"呢?从生产的角度来看,经济增长就是指一个国家或地区生产的物质产品和服务的持续增加。

能源是经济增长的关键因素吗?

从对经济增长的描述看,经济增长的微观基础在于物质产品和服务等生产的扩大,而生产的本质是投入一定量的能源,通过工艺装备或机器设备,将原材料转变为商品或服务的过程。能源在这一过程中提供了产品加工转化的动能,例如生产产品需要机器设备,而这些机器设备的运转需要电力或各类燃料提供能量,这一过程中电力和各类燃料都是能源。热力学第一定律和第二定律告诉我们:任何物质资料的生产都需要最低的能源或能量投入。这意味着,只要有物质资料的生产加工转换,就会有能源资源的消耗,尽管这一消耗量可以随着技术进步而减小,但并不能从根本上消除。由此可见,能源是经济产出扩大中的必要投入,是影响经济增长的关键因素。

石油与经济增长是怎样的关系?

工业革命以来,在人类消耗的能源当中,石油长期占据核心位置。特别是1960年之后,全球经济实现了长足且飞速的发展,支撑这一发展的能源主要是化石能源。而在化石能源中,石油和天然气一直占主导地位,截至2021年,石油仍然占据世界能源结构的最大份额(31%)。从图1.1可以清晰地看出,世界国内生产总值(GDP)从1965年的14.1万亿美元增长到2021年的86.65万亿美元(均按照

> **小贴士**
> 油当量是一种计量单位,世界各地区的原油受化学组成等因素的影响,单位热值各不相同,1千克原油燃烧可产生10000~11000千卡热量。为计算方便,国际上一般以原油热值每千克10000千卡热量为一个原油当量,简称油当量。

2015年价格计算），年均增速3.3%，而支撑其发展的油气消费也从20.6亿吨油当量增长到77.2亿吨油当量，年均增速2.4%，保持了与GDP同向且类似的变化规律。此外，石油对资源国经济发展同样有巨大的贡献，例如，20世纪60年代以后，中东石油国家依靠丰富的石油资源，实现了国家经济的快速崛起；而对于俄罗斯，石油和天然气早已成为其经济发展的命脉。

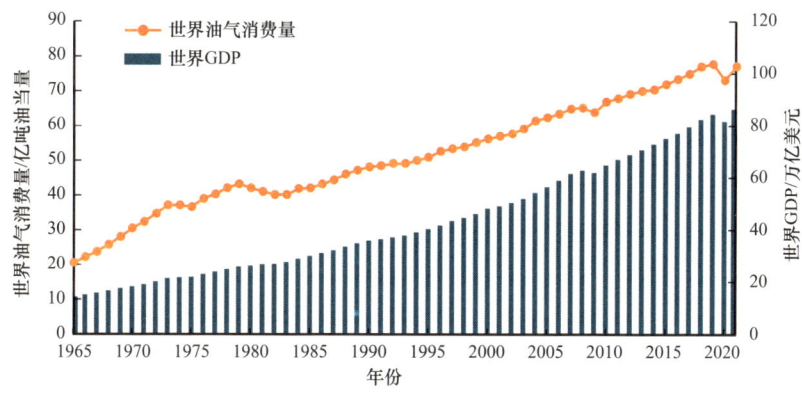

图1.1　世界油气消费量和世界GDP（2015年价格为基准）变化量

数据来源：bp《世界能源统计年鉴（2022）》；世界银行

1.2　石油产业牵动国民经济的发展

在原始社会，由于没有社会分工，也不存在产业一说。进入新石器时代，社会分工开始出现，农业、畜牧业便成为当时的重要产业。随着社会的发展、生产力的进步，社会分工逐步深化，产业分工也愈加细化。可见，产业是在社会分工下，具有某种同类属性的经济活动的集合，而不同产业部门的总和就构成了国民经济。

1965—2020年全球主要石油消费国消费量变化及排名视频

■ "石油产业"的概念

石油产业是一个庞大的产业，分为上游、中游和下游三个部分。其中上游包含石油勘探、开发与生产环节，中游包含石油储运环节，下游包含石油炼化加工及成品油批发零售环节（图1.2）。我们上面提到的"石油产业"是一个大产业的概念，在国家统计核算中，对石油产业有着进一步的细分。例如，国家统计局将全国的经济活动划分为42个产业部门，与石油直接相关的包括两个：一是石油和天然气开采业，二是石油加工、炼焦与核燃料加工业，前者重点针对上游产业，后者重点针对下游产业。

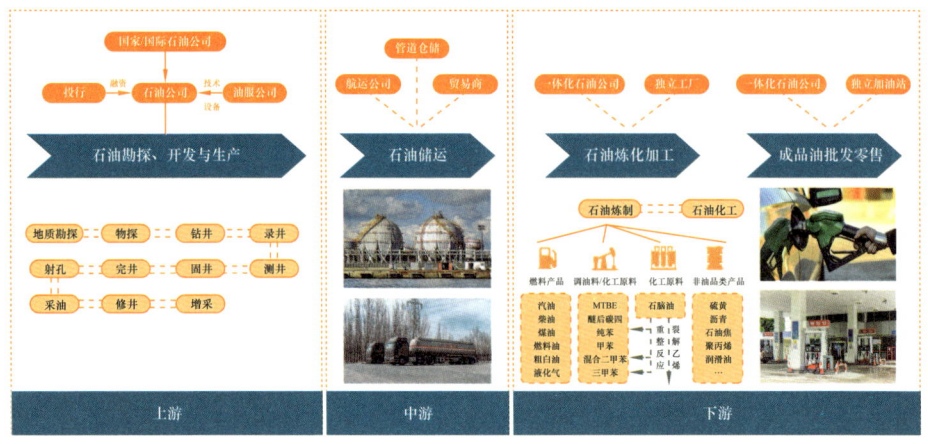

图1.2 石油产业链图解

石油产业牵动着其他产业发展

国民经济内部不同产业之间是存在广泛关联的，例如A产业开采铁矿石并将其卖给B产业，B产业再将铁矿石炼制成钢铁后卖给C产业等。在这种关联关系中，一个产业可以同时作为产品购买者和产品供应者对其他产业产生影响。

石油产业作为产品购买者，其自身规模的扩大会直接拉动向其提供各类产品投入的其他产业的发展。例如，石油开采过程中需要进行钻井活动，而钻井活动需要大量钻井设备，这就会直接拉动装备制造业的发展。通常而言，如果一个产业部门本身越复杂，其发展所依赖的投入越多，规模越大，那么这种产业作为产品购买者时，其自身发展对其他产业的拉动作用也会越大。

石油产业作为产品供应者，其自身发展会给依赖其产品作为投入的其他

产业部门提供发展的基础,进而支撑国民经济发展。石油作为最重要的基础性原料和燃料,被很多产业高度依赖,例如交通运输业需要石油等燃料产品(如航空煤油)作为投入、化学工业需要石油原料产品(如乙烯)作为投入,因此,石油的稳定充足供应对依赖石油作为投入的产业有着重要影响。此外,石油价格的大幅波动也会对这些产业产生巨大影响,例如,油价暴涨将带动交通运输业成本大幅上升。

1.3 现代石油工业的诞生

在美国宾夕法尼亚州西北部的群山之中有一个贫瘠的小山村,叫泰特斯维尔。小村后有一条小溪,由于水面上总是浮着一层薄薄的黑油,因而也被当地人称为"油溪"。人们沿着"油溪"一路向上游寻找,发现这些黑油原来是从山上的石头缝中渗出来的。

可以"照明"的石油

1853年,律师兼商人乔治·比尔斯在探亲途中经过了位于泰特斯维尔村的"油溪",目睹了当时人们原始的采油方法,这给他留下了深刻印象。探亲之后,他顺道去了他的母校达特茅斯学院,并在一位老师的办公室中发现了能够燃烧的石油样品。就在那一瞬间,比尔斯头脑中闪过一个念头:"这石油能够燃烧,能不能用它来做照明材料呢?"当时人们普遍使用的照明方法是靠点燃浸在动物油脂或植物油中的灯芯,但由于需求旺盛,致使照明用动物油脂和植物油的价格飞涨,人们迫切地需要替代品。1855年4月16日,西利曼教授的研究报告肯定了石油燃烧照明的价值,这一结论更加肯定了比尔斯的想法并让他有了投资石油生意的念头。但是原始采油方法的产量极低,从哪里能够得到大量石油呢?

> **小贴士**
> 收集"油溪"石油的原始方法主要是用勺子把黑色的石油从水面上舀起来,或者用毯子等浸在油水中捞起来拧干,积少成多来采集石油。

比尔斯"钻井"采油的大胆设想

1856年的一天,比尔斯在纽约百老汇大道上看见了一张巨幅广告,广告上画的是几个钻井架,并附有文字:"在1500多年以前,中国人就发明了钻井取水。现在,钻井取水的技术已经大为改进,这些井架是当今最先进的钻井工具……"一道灵光在比尔斯的脑海中闪现——既然能够钻井取水,为什么不能通过钻井取油呢?他将这种想法告诉了投资合伙人。尽管当时没有先例,但是合伙人深信市场需要石油,机不可失,值得一试。由谁把这个疯狂的设想付诸实施呢?比尔斯和他的合伙人詹姆斯·汤森找到了埃德温·德雷克,德雷克对钻井采油的事情非常感兴趣,便答应了比尔斯他们。为了便于开展工作,德雷克给自己加了个"上校"的头衔。

德雷克的坚持与"钻井"实践的成功

1858年的春天,德雷克来到泰特斯维尔的"油溪"附近开始雇佣工人们钻井采油。但由于钻井采油的想法并不被工人们认可,因此进展十分缓慢,直到1859年8月27日下午,当钻头钻到约21米深的时候,好像钻到了孔洞,钻头下滑了约1.8米,由于是周末下午,就没有继续钻探。等到第二天,当工人到工地再次查看时,发现水面上浮着厚厚的黑色液体,而这正是他们梦寐以求的石油!"德雷克上校打到油了!"的消息迅速传开,人们疯狂地涌向泰特斯维尔钻井采油处。这是美国大规模商业开采石油的开始,而德雷克钻探成功的第一口井,也被人冠以他的名字——德雷克井。德雷克井是世界上第一口用机器钻成、机器抽采的油井,被看作是现代石油工业诞生的标志(图1.3)。从这时起,一部轰轰烈烈的石油发展史开始了。

图1.3 德雷克(右侧)和德雷克井

1.4 当石油工业遇上内燃机

现代石油工业初期,石油的主要产品是煤油,用于照明,但照明所消耗的燃油是有限的。与此同时,爱迪生发明了白炽灯泡,电灯照明开始取代煤油灯照明,煤油逐渐被淘汰出城市,仅在乡村有所使用。电力的发展对当时的石油工业及石油公司而言,可谓是一场灭顶之灾。

■ 石油工业的拯救者——内燃机

1883 年,德国人戴姆勒与迈巴赫成功研制出了使用汽油的发动机,并于 1885 年发明了摩托车,1886 年造出了第一辆戴姆勒汽车。几乎与此同时,另一位发明家本茨也在 1886 年初试制成功了世界上第一辆单缸发动机三轮汽车。戴姆勒和本茨的发明,标志了内燃机汽车的诞生。

1903 年,福特汽车公司在美国成立。1911 年,福特公司进行了企业管理改进,首次采用流水线生产汽车,大大提高了生产效率,降低了生产成本,进而实现了汽车"大众化",汽车销量开始快速增长(图 1.4)。1900 年美国登记的汽车只有 8000 辆,1912 年时已达到 92.2 万辆。短短 10 余年间,汽车由一种新奇的玩意变成了整个 20 世纪的标志性产品之一。到 20 世纪 20 年代末,美国已拥有汽车 2310 万辆。汽车对汽油的需求使得石油销量骤涨,在汽车工业的推动下,汽油的销售量在 1911 年超过煤油。1919 年,美国石油消费量是每天 103 万桶,十年后的 1929 年,石油消费量已增长至每天 258 万桶,石油在一次能源消费中的比例也从 10% 增长到 25%。

图 1.4 福特 T 型车生产线

"石油+内燃机"在两次世界大战中"大展身手"

石油驱动的内燃机发展不仅改变了人们的日常交通出行方式,提高了社会运行效率,而且也对战争产生了重大影响。1914年9月,德军长驱直入巴黎,巴黎空防司令在紧要关头组织巴黎城区的3000辆出租车,连续两天两夜将数万名将士运送至战争前线。1916年,英国军队在索姆河战役中首次使用了"陆上巡洋舰"——坦克。此外,第一次世界大战期间,英国、法国、意大利和德国还生产了近20万架飞机参战。在海上,英国军舰也实现了"煤改油",其速度、活动范围、燃料补充都远优于以煤为燃料的德国舰队。第一次世界大战使石油成为具有高度战略意义的产品。

第二次世界大战时,轴心国已纷纷意识到石油的重要性。例如,日本占领了产油的缅甸和东印度群岛,德国也侵占了波兰和法国以掠夺大量石油。二战期间,同盟国共消耗了约70亿桶石油,这一数量是从1859年美国开始生产石油以来到1941年产量总和的四分之一以上。

1.5 洛克菲勒石油帝国的兴衰

图1.5 约翰·D·洛克菲勒
来源:芝加哥大学官网

1863年,约翰·D·洛克菲勒和合伙人克拉克合资兴建了一座小型炼油厂"克拉克—洛克菲勒公司",该厂很快成为当地最大的炼油厂,之后洛克菲勒将克拉克的股份全部买下,并将炼油厂改名为"洛克菲勒—安德鲁斯公司"(图1.5)。1870年,洛克菲勒在原公司基础上,与亨利·佛莱格勒等5人成立了标准石油公司,意在使消费者相信该公司的油品是"标准油品"(图1.6)。

图1.6 标准石油公司一号炼油厂

标准石油帝国的扩张

标准石油公司成立之后,很快便着手扩张。首先,标准石油公司通过削价等手段,压垮了许多炼油业务竞争对手,并兼并了他们的炼油厂。1875年巴尔的摩收购战完成后,标准石油公司如愿以偿地成为全美炼油业唯一的主导者。到1879年,它已经控制了90%的美国炼油业。在推动炼油业务扩张的同时,洛克菲勒还开始向终端销售市场和支撑销售的储运领域进军。为了控制油品的储藏及运输,标准石油公司建立了油库、输油管线,甚至还建立了制桶工厂。

1882年,在洛克菲勒的主导下,标准石油公司与其他公司签订了《标准石油托拉斯协议》,成为美国历史上第一个托拉斯(垄断组织的高级形式),通过协议,标准

> **小贴士**
>
> 制桶业务和石油行业的关系:在石油工业的早期,所产原油没有专门盛放的容器,就用装酒的木桶盛放,一桶体积是42美制加仑,约159升。后来这一做法被延续,桶就成为盛装石油的重要容器。

石油公司完全控制了 14 家公司并部分控制了 21 家公司。1885 年开始，标准石油公司的战略发生了根本性转变——开始涉足石油开采活动。当年，美国利马—印第安纳油田投入开发，洛克菲勒抓住这一时机，大量购买石油生产权。到 1891 年，其生产的原油已占美国原油总产量的 1/3。至此，洛克菲勒创建了一个从原油生产、炼制到销售一体化的国际大石油公司。

一代石油巨头的陨落

由于标准石油公司长期对美国石油市场的垄断，使得美国政府有了拆解该公司的想法。1906 年，罗斯福政府在圣路易斯巡回法院对标准石油公司提出起诉，指控该公司以阴谋罪违反了《谢尔曼反托拉斯法》，认定标准石油公司是一个垄断机构，应予拆散，联邦法院于 1909 年判决标准石油公司解散。尽管标准石油公司不断提出上诉，但美国联邦最高法院仍于 1911 年 3 月宣读了对标准石油托拉斯的宣判书，判决标准石油托拉斯立即解散。随后，标准石油公司被拆解为 34 个独立的实体，其中最大的一个就是原来的控股公司——新泽西标准石油公司，也就是后来的埃克森石油公司。其余的公司包括后来的美孚公司、雪佛龙公司、阿莫科公司、大陆石油公司、阿科公司等。由洛克菲勒一手缔造起来的石油帝国大厦崩塌，一代石油巨头从此陨落。

1.6 石油"七姊妹"的风云时代

1975 年，一位英国记者安东尼·桑普森在其书《The Seven Sisters : The Great Oil Companies and the World They Made》中首次提出了"Seven Sisters（七姊妹）"一词，自此，"七姊妹"便成为西方七大国际石油公司的代名词。

"七姊妹"对世界石油市场的垄断与瓜分

"七姊妹"对世界石油市场的统治主要始于 1928 年。1928 年 7 月，英、美、荷、法等国的"七姊妹"成员为了把持和独占中东伊拉克地区油气资源而签订了《红线协定》。协议规定它们共同拥有开发奥斯曼帝国石油资源的权利，协议参与的任何一方发现的任何油田均属参与者共有；任何参与者在未取得其他方同意和参与的情况下，不得开发该地区的石油；最后，由碧辟、荷兰皇家壳牌、新泽西标准石油和纽约标准石油等共同参股组成伊拉克石油公司。该协定是以石油"七姊妹"为代表的跨国石油公司对石油资源的第一次瓜分。

> **小贴士**
>
> 石油七姊妹是指新泽西标准石油（后来的埃克森公司）(Exxon)、纽约标准石油（后来的美孚公司）(Mobil)、加利福尼亚标准石油（后来的雪佛龙公司）(Chevron)、德士古石油(Texaco)、海湾石油(Gulf Oil)、英波石油（后来的碧辟公司）(bp)，以及荷兰皇家壳牌石油(Shell)。

1928年9月，石油"七姊妹"又通过《阿科纳卡利协议》，进一步分配了除苏联和美国以外的世界石油市场。"七姊妹"限制了石油活动在每一个国家的竞争，把国际石油价格稳定在美国油价的水平，组成了国际石油市场上第一个全球性质的石油卡特尔。1950年，"七姊妹"在国际石油市场上的份额合计达到98.3%，基本上控制了当时除社会主义国家和美国以外的世界石油市场，成了国际石油市场的主人。

> **小贴士**
>
> 卡特尔是为了垄断市场从而获取高额利润，生产或销售某一同类商品的厂商通过在商品价格、产量和市场份额分配等方面达成协定从而形成的垄断性组织和关系。

正如安东尼·桑普森在书中所描述的："几十年来，这些公司对于产油国和消费国好像都有一种特殊的神秘力量。它们拥有超越国家的专门技术，非各国政府所能及。它们的收入比它们经营所在的任何国家的收入还多，它们的油船队比任何国家的海军吨位还要多……在处理石油方面，它们实际上是唯我独尊，不受供求规律的左右，不受变幻莫测的股票市场的影响……它们是世界大公司的先驱。"

■ "七姊妹"统治的衰败

20世纪60年代以前，石油"七姊妹"在市场上拥有绝对的霸主地位。

二战结束后，石油市场结构开始发生变动，"七姊妹"的卡特尔地位也开始动摇，越来越多的国家石油公司和独立石油公司向"七姊妹"发起挑战，中东资源国与"七姊妹"的激烈斗争使"七姊妹"的地位有所下降。经过70年代的两次石油危机，"七姊妹"的霸主地位被彻底击溃，以石油"七姊妹"为代表的国际大石油公司在国际石油市场上一统天下的局面不复存在。1973年，国际大石油公司失去定价权，"七姊妹"主宰世界石油市场的格局彻底被打破。

1.7 OPEC 的前世今生

第二次世界大战后，世界经济迅速恢复，石油需求大幅增长，石油工业也获得飞速发展。在中东、北非相继发现了巨量的石油储量，世界石油的主产区从美洲转移到了中东。中东石油产量从 1945 年占世界总产量的 7% 增长到 20 世纪 50 年代初的 16% 以上。尽管石油增产，但石油的主人仍然被旧的租让制度所支配着，石油资源的主权仍在石油"七姊妹"手中。

OPEC 的成立

在早期租让制中，"七姊妹"等跨国石油公司只需向资源国支付少量租让金，就能获得一个国家大部分领土乃至全部领土几十年的石油开采权，攫取巨额财富。面对这种状况，不断觉醒的石油资源国愈加不满，石油资源国与"七姊妹"间的关系也日趋紧张，不断通过斗争来维护自身利益。至 20 世纪 50 年代末，石油资源国已经能够实现和"七姊妹"利润对半分的权利，在一定程度上减少了这些石油巨头的盘剥，但这一利润也受到标价的巨大影响。

1960 年 8 月，"七姊妹"在埃克森公司的带领下，纷纷大幅降低标价，这一降价势必会对石油资源国收入产生重要影响。为了应对这一突发的降价，沙特阿拉伯和

> **小贴士**
> 标价是世界石油工业早期的一种定价制度，是指大的石油公司以市场垄断买主的地位在油田当场收购原油的价格或向外出售油品的价格。

委内瑞拉两国石油部长在贝鲁特紧急会晤 24 小时,计划召开开罗"君子协定"参加国会议,以讨论可能的集体对抗举措。1960 年 9 月 10 日,在伊拉克政府的邀请下,沙特阿拉伯、委内瑞拉、科威特、伊朗和伊拉克五国代表在巴格达聚会,决定联合起来共同对付西方石油公司,维护石油收入。9 月 14 日,五国宣告成立一个永久性的组织,命名为石油输出国组织,其成员国之间定期协商,以协调和统一政策(图 1.7)。石油输出国组织因其英文缩写"OPEC"而简称"欧佩克"。这样,对 20 世纪世界政治、经济和生活产生重大影响的石油输出国组织就正式宣布成立了。成立之初,OPEC 只有 5 个成员国——伊朗、伊拉克、科威特、沙特阿拉伯和委内瑞拉。此后,卡塔尔、印度尼西亚、阿尔及利亚等国家相继加入,截至 2022 年底,成员国共包括 13 个国家。

图 1.7　1960 年 9 月 10 日—14 日在伊拉克巴格达举办第一届 OPEC 会议

OPEC+ 的形成

进入 21 世纪,OPEC 对市场的影响力逐渐减弱,而新的市场力量也在酝酿产生,而这一切的导火索,就是 2014 年的油价下跌。2014 年 6 月,供

> **小贴士**
>
> OPEC+ 成员国包括 13 个 OPEC 国家和以俄罗斯为代表的 11 个非 OPEC 国家（俄罗斯、哈萨克斯坦、阿塞拜疆、巴林、文莱、赤道几内亚、马来西亚、墨西哥、阿曼、苏丹、南苏丹）。

过于求的市场状况导致油价暴跌，油价下降初期，OPEC 拒绝减产，试图依靠低油价将美国页岩油挤出市场。但这一目的最终不仅没能达到，还造成油价的持续下跌，迫使 OPEC 宣布自行减产。但因 OPEC 市场干预能力变弱，自减产政策没能发挥作用，油价进一步走低，导致 OPEC 与非 OPEC 国家均受到低油价的影响。重创之下的 OPEC 和非 OPEC 国家在 2016 年 12 月召开了历史上第一次正式会议，即第一届 OPEC 和非 OPEC 部长级会议（图 1.8）。此次会议签署了《联合宣言》，双方（简称 OPEC+）提出共同减产以提升油价。考虑到减产机制是临时性的，因此在 2019 年 7 月的第六届 OPEC 和非 OPEC 部长级会议上，双方签署《合作宪章》，将 OPEC+ 机制长效化，这也标志着 OPEC+ 正式诞生，成为生产侧应对市场油价波动的新力量。

图 1.8　第一届 OPEC 和非 OPEC 部长级会议

1.8 震动世界的两次石油危机

20世纪70年代,世界石油市场发生了戏剧性的转变。市场需求赶上了可能获得的供应,从而结束了长达20年的石油过剩局面。世界迅速变得越来越依赖中东和北非的石油供应。石油输出国组织及其成员国愈发希望寻找时机以求取得更大的石油权益。在这样的大背景下,震动世界各国,尤其给西方工业化国家带来巨大冲击的两次石油危机发生了(图1.9)。

图1.9 石油危机期间加油站"没油了"

🔹 重创西方工业国的第一次石油危机

1973年10月,第四次中东战争爆发后,叙利亚、黎巴嫩、沙特阿拉伯、伊拉克、科威特、卡塔尔、阿拉伯联合酋长国等阿拉伯国家及其他欧佩克成员国,以减产、禁运为手段,给支持以色列的西方国家以痛击。阿拉伯石油生产国使用石油这一特殊武器,借机大幅度提高了石油价格,并完全掌握了石油价格的决定权和对本国石油资源的所有权,引发了以减产禁运、外国石油公司股份收归国有和大幅度提高石油价格为主要内容的第一次石油危机(图1.10)。在第一次石油危机中,中东石油资源国,特别是伊朗成为最大受益者。而西方工业国依靠大量进口石油发展经济,因石油价格上涨,成本大幅提高,造成了西方经济发展的滞涨。这是阿拉伯国家第一次成功地大规模集体使用石油武器,具有重大历史意义。

🔹 引发世界经济与政治巨变的第二次石油危机

就在世界各国逐渐适应第一次石油危机导致的高油价时,1978年底,世界第二大石油输出国伊朗国内发生严重的政治动乱。伊朗宗教界掀起并领导推翻国王统治的运动,并于1979年宣布成立伊朗伊斯兰共和国。社会和

图1.10　1973年12月23日汽车在纽约市的加油站排成双队加油

经济的动荡造成伊朗停止输出石油60天，使市场出现每天短缺约500万桶石油的情况。就在伊朗内部动乱的潮头即将结束之际，1980年9月20日，伊拉克轰炸伊朗，两伊战争爆发，受此影响，伊拉克和伊朗的石油生产完全停止，导致世界石油日产量骤减，再度出现严重的石油供应短缺。而石油输出国组织内部对市场短缺的处理方式也出现分裂，多数成员国主张顺应短缺而提高油价，但沙特阿拉伯则认为应当冻结油价，甚至大幅增产以压低油价。成员国意见的不一导致石油输出国组织失去了市场调控的能力。由伊朗国内革命、两伊战争引发的第二次石油危机，导致油价于1979年暴涨，从每桶13美元上涨到1980年底的41美元，供应短缺和价格暴涨再次重创西方经济体（图1.10）。

> **小贴士**
>
> OECD是经济合作与发展组织（Organization for Economic Co-operation and Development）的简称，是于1961年由20个西方发达国家成立的政府间国际经济组织。日本、韩国、澳大利亚、智利等其他国家后续加入，共拥有成员国38个。

20世纪70年代发生的由石油输出国组织（或其成员国）引发的两次石油危机终结了战后世界经济高速发展的时代，其中OECD国家的GDP增速在第一次和第二次石油危机期间均下降约10%，造成了依赖石油资源的西方世界的恐慌。第一次石油危机使OECD国家油气消费量出现二战后的首次下降，1973年到1975年油气消费量下降了 6%；第二次石油危机使 OECD 国家油气消费量自 1979 年开始逐年下降，直至 5 年后才开始恢复上升的趋势。

1.9 国际能源署成立的时代背景与发展定位

国际能源署（简称"IEA"）是 OECD 中的一个独立机构，是在第一次石油危机冲击下成立的石油联盟和经济联合组织。IEA 成立至今，尽管能源市场和世界形势已发生诸多变化，但确保能源安全始终是 IEA 的核心任务。

IEA 的成立

在第一次石油危机冲击下，西方国家意识到只有联合起来才能应对未来可能发生的危机。为了增强抵抗风险的能力，西方国家酝酿成立国际性组织以共同应对石油危机。1974 年 2 月，西方主要工业国在华盛顿举行能源会议，讨论能源政策问题。会上，美国倡议成立一个国际组织共同制定能源政策，以应对可能出现的下一次危机，但由于日本和西欧国家主意未定，未达成协议。同年 11 月 15 日，OECD 各成员国在巴黎通过了成立 IEA 的决定。11 月 18 日，16 国举行首次工作会议，签署了组建国际能源署协议，并开始临时工作（图 1.11）。1976 年 1 月 19 日，经各成员国审批通过，IEA 正式成立。

图 1.11　1974 年 11 月 18 日签署组建国际能源署协议

IEA 应对石油危机的对策

IEA 成立之初，提出了两条主要对策：一是开源节流，即制定各成员国能源节约计划，减少能源消费，同时加速开发新能源，实现能源独立；二是要求各成员国建立石油储备并分享石油储备的应急计划。在石油储备方面，IEA 要求成员国必须拥有不少于 90 天石油净进口量的储备规模；此外，在出现大规模供应中断的情况下，IEA 成员国必须动用储备，并与其他成员国分享。对于什么时候算"大规模供应中断"，IEA 也给出了判断的标准，即当某个或某些成员国的石油供应短缺在 7% 或以上时，就可以启动石油储备再分配体系。

IEA 的发展与定位

IEA 的发展过程，也是一个不断适应新环境和担负更大社会责任的过程。从关注焦点来看，IEA 已由最初始的关注石油扩展到天然气、可再生能源、电力、核能等所有能源品种；从能源安全的侧重来看，IEA 已从最初始的关注消费国的能源供给安全，扩展到关注整个参与者的能源经济性安全及能源在开发利用中的环境安全；从发展使命来看，IEA 已将其使命界定为"与政府与产业合作，帮助世界各国塑造一个安全、可持续的能源未来"。如今，IEA 已成为全球能源对话的核心，它提供权威的分析、数据、政策建议和现实解决方案，旨在提高成员国及其他国家能源的可靠性、可负担性和可持续性。IEA 每年出版的《世界能源展望》已成为全球广为引用和参考的重要能源研究报告。

> **小贴士**
>
> IEA 是国际能源署（International Energy Agency）的英文简称，包括 16 个发起国（奥地利、比利时、加拿大、丹麦、德国、爱尔兰、意大利、日本、卢森堡、荷兰、西班牙、瑞典、瑞士、土耳其、英国和美国）和 13 个后加入国（爱沙尼亚、澳大利亚、波兰、法国、芬兰、韩国、捷克、挪威、葡萄牙、斯洛伐克、希腊、新西兰、匈牙利）。

IEA 与中国的业务合作

IEA 与中国的合作伙伴关系始于 1996 年，此后双方的合作涵盖众多领域。1996 年 10 月 IEA 与中国签订了《在能源领域开展合作的政策谅解备忘录》。1999 年 11 月，IEA 在北京召开了"国际能源署—中国联合发展天然气会议"。2002 年 IEA 在北京公开发表了重要的研究报告——《开发中国的天然气市场：能源政策之挑战》，显现出该机构对中国能源市场及相关政策的极大关注。2015 年 11 月，中国正式成为 IEA 的联盟成员国。2017 年 2 月，IEA 与中国国家能源局正式在北京成立了国际能源署中国合作办公室。

1.10 中国石油工业的起源与发展

中国是世界上最早发现和利用油气的国家，迄今已有两千多年的悠久历史。历史上，顿钻钻井技术的发明，自流井气田的开发，在当时均处于世界领先地位，为中国乃至世界文明作出了重要贡献。

中国近代石油工业的开端

19 世纪下半叶，世界主要产油国产量迅猛增长，供应量远远超出其国内市场需求，中国便成为西方列强倾销石油的市场之一。1863 年至 1949 年间，产油国共向中国倾销煤油约 2464 万吨，汽油约 281 万吨，柴油约 622 万吨，润滑油约 91 万吨，原油约 42 万吨，各类油料总计约 3500 万吨，攫取了巨额财富。面对这一状况，中国有识之士提议开发本国石油资源，以免受制于人。在时任福建巡抚丁日昌的倡导和推动下，1878 年，台湾苗栗后垄溪使用以蒸汽机为动力的顿钻钻机钻成了中国第一口近代油井——苗一井，标志着中国近代石油工业的开端。

20 世纪初，清朝政府批准陕西当局开发陕北石油，成立了延长石油官厂，于 1907 年 9 月 10 日用近代钻机钻成了中国陆上第一口油井——延一井（图 1.12）。1912 年至 1949 年 9 月间，刚刚起步的中国石油工业发展环境十分不利，相当长的时期内，仅有延长油矿等极少量油田生产，且产量很小。直至抗日战争开始前后，才出现了四川油矿、独山子油矿、玉门油矿等一批现代石油企业。其中玉门油矿规模较大、产量较高、工艺技术较先进，奠定了中国石油工业的基础。1946年，中国石油有限公司成立，形成了一个规模不大但基本完整的现代石油工业部门。

■ 新中国成立后石油工业的发展

1949年新中国成立时，全国石油产量仅12万吨，石油产品需求几乎全部依赖进口。对此，国家决定成立专门机构，调集各方力量，在甘肃玉门建成新中国第一个石油工业基地，在全国范围内掀起油气生产建设高潮。1956年发现克拉玛依油田，实现了新中国石油工业的第一个突破；1959年大庆油田的发现和投入开发，使中国在20世纪60年代初期就实现了石油基本自给，甩掉了"贫油"的帽子。之后，相继开发建成胜利、辽河、新疆、四川、大港、华北、长庆等大型油气田，石油产量快速上升。截至1978年，用了不到30年的时间，中国原油年产量就突破1亿吨，跨入了世界主要产油国的行列。

一 波澜壮阔的石油工业史

1978年改革开放后，为了持续推动石油工业的发展，国家推行"1亿吨原油产量包干"政策及"稳定东部、发展西部"的战略，石油工业进入全新发展阶段，开创了独具中国特色的石油地质理论和符合中国油气田特征的勘探开发技术，建成了一大批现代化的大油田、大炼油厂、油气管道和销售网络，石油石化产业链不断延伸完善，形成完整的现代石油工业体系，成为国民经济发展的中流砥柱。国内原油和天然气产量分别在2010年和2011年迈上2亿吨和1000亿立方米新台阶，为中国经济和社会的高质量发展做出了重要贡献。

> **小贴士**
>
> 1亿吨原油产量包干是在1978年后国内石油生产面临投资不足、产量下降的情况下，国务院于1981年6月批准的一项政策，即在不增加国家投资的情况下，石油工业部"包干"年产原油1亿吨，超出1亿吨的部分允许自行出口，筹措的资金用于国家对石油工业的补充投入。

图 1.12 中国陆上第一口油井——延一井

二　撼动全球的石油供应与安全

　　自现代石油工业诞生以来，人类对世界油气资源量的认识经历了一个不断深化的过程。在这一过程中，因为油气勘探开发技术的飞速发展，重油、油砂、致密油、页岩油等一批非常规石油的潜力不断被挖掘，全球待发现的油气资源量和最终可采储量不断增加。从全球范围看，石油资源丰富，但在分布上却极不均衡，以沙特阿拉伯、伊拉克、伊朗、阿拉伯联合酋长国等为主的中东地区，是石油资源分布最集中的地区。特别是美国"页岩革命"的成功，正在重塑全球能源供应格局。油气资源分布的不均，赋予了资源国巨大的石油资本，却也带来了"资源诅咒"，而对更多的消费大国来讲，石油供应的安全时刻牵动着国家能源安全的神经。除了加大石油行业的投资外，建设石油储备也成为保障石油安全的重要手段。此外，很多国家也在积极建设石油进口通道，多元化拓展石油进口来源。

2.1 全球石油资源有多少？

所谓"巧妇难为无米之炊"，要想获得石油产量，必须先发现石油资源量。石油探明可采储量，通常是指在现有的技术和经济条件下，可提供开采并能获得经济效益的可靠资源量。随着地质理论与石油勘探开发技术水平的不断提高，人们对地下油气藏的认识日趋丰富完善，石油探明可采储量不断增加。

在过去 40 年的时间里，世界石油探明可采储量稳定增长，从 1980 年的 963 亿吨增至 2020 年的 2445 亿吨，增长了 153.8%（图 2.1）。

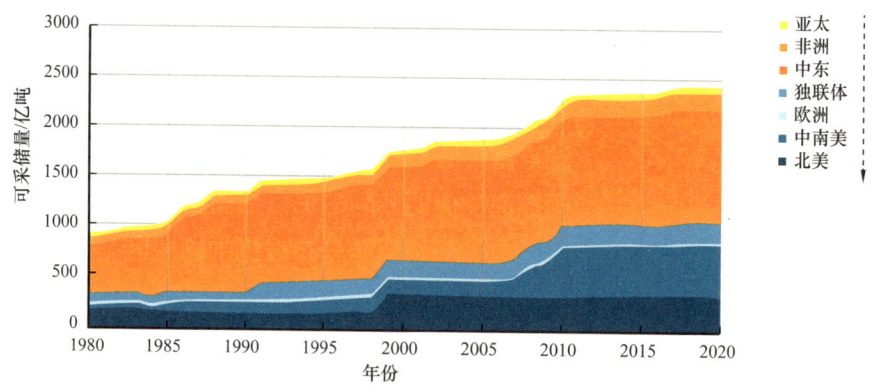

图 2.1　1980 年至 2020 年世界各地区石油探明可采储量
数据来源：bp《世界能源统计年鉴（2022）》

全球石油资源在分布上极不均衡，主要集中于中东和美洲地区，仅中东地区就占全球石油地质储量的 48.1%，北美和中南美地区的石油地质储量占世界的 32.8%，亚太地区所占比例仅为 2.6%（图 2.2）。油气资源的分布不均，赋予了资源国巨大的石油资本，也推动了全球石油贸易和储运的迅速发展。

一个奇怪的现象是，近 10 年来，全球石油产量逐年提高，世界石油储采比却始终保持在 50 左右的较高水平。储采比即储量/产量的比例，通常是假设将来的产量继续保持在某年度的水平，那么，用该年年底的储量除以该年度的产量，得出的就是剩余储量可供开采的年数。看上去好像石油资源越开采越多了，实际上，石油资源总量并不会增长。储采比保持稳定是由于科学技术的进步，使人们获得了超越以往的石油储量发现。截至2020年底，世界石油储采比高达58.7，这意味着全球石油资源还可供开采50多年。可见，未来的半个世纪，全球石油在资源供应方面是有保障的。

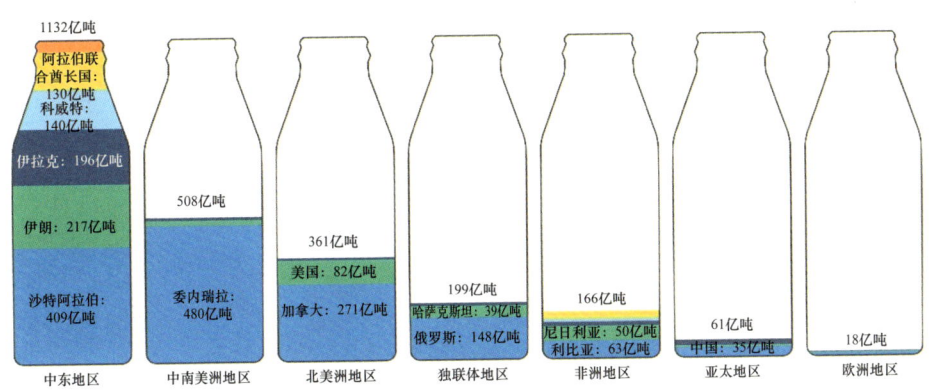

图 2.2　2020 年全球石油储量地区分布

数据来源：bp《世界能源统计年鉴（2022）》

从长远来看，石油是不可再生的矿物资源，终会枯竭。当前，世界石油资源潜力依然巨大。从160多年的世界石油勘探开发历程来看，由于科学技术不断进步，发现的石油资源量不断增加。随着勘探开发技术的进步，在深水、极地等新的勘探领域将取得重大发现，老油田采收率还可进一步提高。在油价和科技进步的双重推动下，大量低品位储量和非常规石油资源也将投入开发，世界石油资源量和储量将会进一步增长。同时，非常规石油资源也是潜力巨大，主要包括致密油、超重油（油砂、沥青）等。根据国际能源署的预测，世界致密油的剩余技术可采资源量约为734亿吨，超重油和沥青的剩余技术可采资源量约为2559亿吨，页岩油的剩余技术可采资源量高达1470亿吨。随着石油勘探开发技术的不断进步，对这些非常规石油资源的开发力度将不断增加，并成为常规石油能源的有力补充。

当然，随着全球经济的发展及对化石燃料的不断开采和使用，传统能源的可耗竭性和对环境造成的不良影响也逐渐显现。各国政府和能源公司都在大力发展低碳、清洁、高效的新能源和替代能源,如燃料乙醇、液态合成油等替代能源,以及风能、太阳能、核能、生物能、海洋能和地热能等新能源。

可以预见,人类未来的能源消费结构必将从单一走向多元,从高污染走向清洁,从高碳走向低碳甚至无碳。石油的燃料属性将有所削弱,原料属性将不断增强,石油将继续作为推动人类社会持续稳定发展的"工业血液"而受到关注。

2.2 全球主要石油生产国

1965—2020年全球主要产油国产量变化及排名视频

2021年,世界石油产量为42.21亿吨。如果把时间拉长来看,世界石油产量从2011年的40.10亿吨增长到2021年的42.21亿吨,大趋势是小步慢跑、稳中有增(图2.3)。

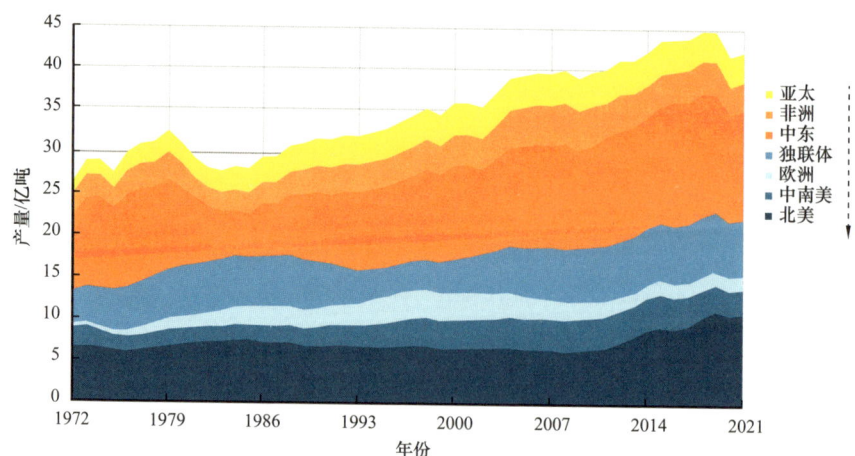

图2.3 1972年至2021年世界各地区石油产量

注:石油产量包括原油、页岩油、油砂与天然气液(从天然气中单独开采的液体产品),不包括其他来源的液体产品,例如生物质油和其他煤制或天然气制油。

数据来源:bp《世界能源统计年鉴(2022)》

二 撼动全球的石油供应与安全

从全球石油产量的区域分布看，2021年，中东是世界上第一大产油区，石油产量13.16亿吨，占世界产量的31.2%；北美是第二大产油区，石油产量10.75亿吨，占世界产量的25.5%；独联体是第三大产油区，石油产量为6.74亿吨，占世界产量的16.0%；亚太地区占世界产量的8.2%，略高于非洲的8.1%；中南美洲地区占7.2%；欧洲占3.8%。

从重点产油国来看，2021年世界前十位产油国分别是美国、俄罗斯、沙特阿拉伯、加拿大、伊拉克、中国、伊朗、阿拉伯联合酋长国、巴西、科威特。这十个国家的总产量达到30.49亿吨，占世界产量的72.2%（图2.4）。

2005年，世界前10位产油国分别为沙特阿拉伯、俄罗斯、美国、伊朗、墨西哥、中国、委内瑞拉、加拿大、挪威、科威特。这十个国家的总产量为24.43亿吨，占世界产量的62.7%。与2005年相比，2021年有七个国家仍在十强中，墨西哥、挪威、委内瑞拉退出了十强，新增了伊拉克、阿拉伯联合酋长国、巴西。本书选择几个国家重点介绍：

美国，2021年的石油产量为7.11亿吨，占世界产量的16.8%，从2005年的季军一跃成为冠军，凸显了美国"页岩革命"的成功。美国通过"页岩革命"基本实现了能源独立，在石油美元和美军实力的"加持"下，其国际能源权力和影响力进一步扩大。2020年石油剩余探明储量82.0亿吨，占世界的4.0%，储采比为11.4。

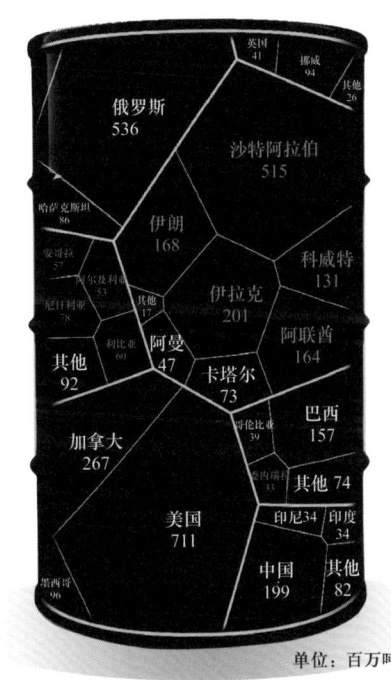

图2.4 2021年世界主要国家石油产量

俄罗斯，传统石油天然气大国，2021年石油产量为5.36亿吨，占世界产量的12.7%。2020年石油剩余探明储量147.7亿吨，占世界的6.2%，储采比为27.6。

沙特阿拉伯，曾经的产油国冠军，欧佩克的"老大"，2021年石油产量为5.15亿吨，占世界产量的12.2%，从2005年的冠军下滑至季军。2020年石油剩余探明储量为408.7亿吨，占世界的17.2%，储采比为73.6，发展潜力巨大。

伊拉克，在战争后迅速推进国内石油的勘探开发，2021年石油产量为2.01亿吨，占世界产量的4.8%，从2005年的第13名上升到第5名。2020年石油剩余探明储量195.7亿吨，占世界的8.4%，储采比为96.3，资源潜力巨大。

巴西，得益于深海勘探开发技术的进步，在沿海陆续发现并开发出多个特大盐下油气田，2021年石油产量为1.57亿吨，占世界产量的3.7%，从2005年的第15名上升到第8名。2020年石油剩余探明储量为17.3亿吨，占世界的0.7%，储采比为10.8，深海油气发展潜力很大。

委内瑞拉，由于受到美国制裁及国内政治局势不稳的影响，其2021年的石油产量仅为0.33亿吨，占世界产量的0.8%，从2005年的第7名下降至第25名。2020年石油剩余探明储量480.3亿吨，占世界的17.5%，名列榜首，储采比远超100，油气资源发展潜力巨大。

2.3 "资源诅咒"的来龙去脉

"资源诅咒"是指某些拥有丰富自然资源的国家，与资源较缺乏的国家相比，经济增长速度更慢、社会问题更频繁、发展结果更差。1993年，美国经济学家奥蒂正式提出了"资源诅咒"的概念。

一般来说，"资源诅咒"形成的路径包括初始发展、路径创造、经济依赖和固化发展四个阶段。初始发展阶段，资源国拥有的丰富资源禀赋显露出潜在的经济价值，催化形成当地的资源部门。随后更多资本涌入，进一步促进资源开发产业的发展。路径创造阶段，在"资源红利"的溢出效应下，资源经济得到快速发展。当地的企业和政府会围绕资源开发部门进行各类相关建设，包括基础设施、促进就业、市场营销等，形成以资源开发产业为核心、逐渐复杂的多利益相关者网络。经济依赖阶段，随着资源初级产品产量不断上升，资源开发产业迎来报酬递增阶段，越来越多的资源向资源产业倾斜，资源经济逐渐形成绝对优势。资源部门带来大量利润和就业岗位，处于经济发展的核心地位，经济依赖逐渐形成。固化发展阶段，资源部门吸纳了大多数的经济要素，对其他产业产生挤出效应，严重限制其发展。由于其他产业萎缩、资源经济一家独大，经济愈发依赖资源部门，导致转型成本增大，为改革带来阻力，本地经济过分依赖资源，路径依赖更加严重。后续，固化的发展路径势必导致本地产业、技术和制度的固化，严重阻碍新技术、新产业的诞生，进而导致资源开发的发展给经济发展带来"诅咒"（图2.5）。

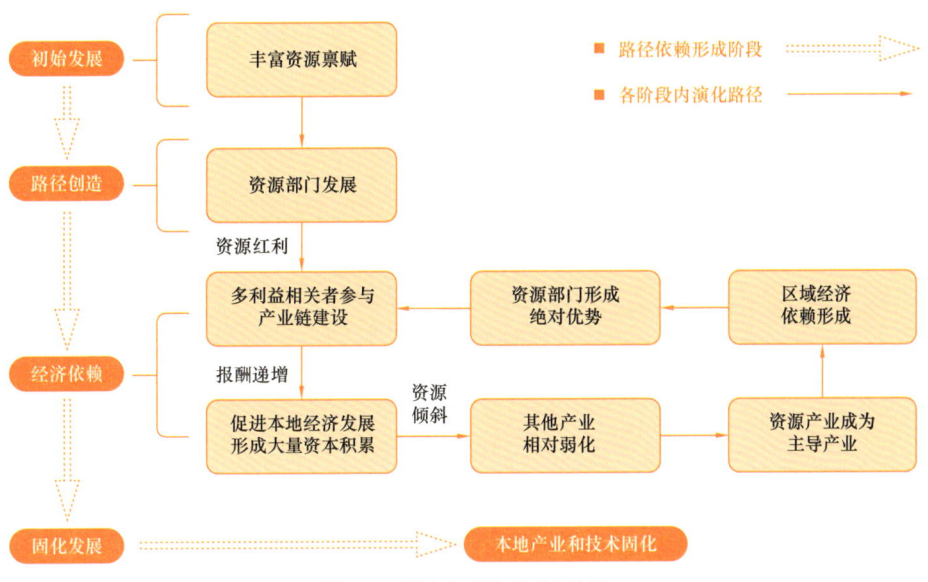

图 2.5 "资源诅咒"形成的路径

导致"资源诅咒"发生的关键原因有三点：一是"荷兰病"效应，由于资源部门的繁荣、资源产品的大量出口，导致本币升值，价格与生产成本上

> **小贴士**
>
> "荷兰病"效应是指丰富的自然资源反而拖累经济发展的一种经济现象。荷兰20世纪50年代至70年代因发现海岸线盛藏巨量天然气，而迅速成为以出口天然气为主的国家，采掘业部门的急剧膨胀导致传统制造部门的萎缩，并造成经济回落。资源带来的财富使荷兰国内的创新动力萎缩，其他产业部门失去国际竞争力，从而导致荷兰经历了一场前所未有的经济危机。

涨，给出口和制造业带来打击；二是挤出效应，资源丰富的经济体可能会基于其自然资本发展出一种错误的财富安全感，引发对基础设施、人才教育的投入不足，从而导致对外抑制其他产业发展，对内禁锢产业升级；三是资源国制度质量低下对产业升级的进一步打压，初级资源部门往往技术含量偏低，对技术创新、高素质劳动力的需求相对不足，从而影响人才培养和科技创新。

如何破解"资源诅咒"，让经济重回高速发展的道路呢？有学者尝试提出四种破解之道：

一是推动产业升级。这是破解"资源诅咒"的核心。产业升级的过程必然是"痛苦"的，转化过程中需要旧产业的让步与退步。同时，需要改善社会对新生行业的认识，聚焦资源全力推进，政策制定者需立足当前，着眼长远，综合施策。

二是发展以市场为导向的经济。企业在以市场为导向、以法治为基础的经济中，面临的官僚制度障碍更少，可以以更有效的方式经营。过度的监管会抑制市场自由度，而必要的监管可以维护社会效率和公平。法治前提下的良性市场环境，可以减少寻租行为和腐败，鼓励企业提高生产效率，并保持良性竞争，持续推动产业升级。

三是鼓励创新发展。对创新的基础设施进行投资，基于知识产权保护、金融市场的繁荣和先进技术的广泛应用来发展经济，为资源国实现可持续发展带来不竭动力。挪威正是通过建立并运作一个良好的国家创新体系，规避了资源带来的负面效应。

四是加强资源管理与推进制度改革。围绕资源部门进行的产业延伸、制度腐败规制、企业的税收管理和资源收入的支配对破解"资源诅咒"至关重要。例如，美国的阿拉斯加州将资源收入作为本金投资成立阿拉斯加常设基金（APF），每年向所有州公民支付分红，这种均等的支付减轻了该州的收入不平等，从而防止"资源诅咒"的发生。

2.4 美国"页岩革命"重塑全球能源格局

美国页岩油气的大规模开发始于 20 世纪 90 年代末。经过 20 多年的发展，在诸多因素的综合作用下，实现了页岩气的大规模商业开发，2000 年以来美国页岩油产量占比不断提升，一改美国依赖天然气进口的局面，实现了能源独立，被称为"页岩革命"（图 2.6）。

图 2.6　2000 年以来美国页岩油产量占比
数据来源：美国能源信息署（EIA）

美国"页岩革命"的成功，主要得益于技术创新、法律保障、政策激励、管网助推和风险投资。

技术创新：20 世纪 90 年代以来，一批中小型石油技术服务公司在美国政府的大力支持下，对页岩气开采的关键技术展开科学攻关，成为推动美国页岩气开采技术快速发展的主要动力。其中，诞生了后来被称为"页岩气之父"的乔治·米歇尔。美国由此在全球率先掌握了水平钻井、水力压裂等前沿技术，从而集成了从气藏描述、地层评价、水平钻井、水力压裂到完井和工业生产的一整套页岩气开发系统。

法律保障：美国法律规定土地的地表权和矿业权分开，有利于开发商获取页岩气上游资源。联邦政府对其在全美拥有的约11%的土地使用权实行竞标拍卖，私营公司可竞标获取在公有土地上的钻探权，支付给政府相应的租金及矿区使用费即可。为应对水力压裂对地下水、空气、土地、噪声等污染问题，联邦政府出台了《美国联邦环境法》《资源保护和恢复法》等法律，做出相应的许可和规定，保障了页岩气开发过程的合法合规。

政策激励：美国早在1980年就通过了《原油意外获利法》，对2003年以前的页岩气和致密气实施税收减免。除此之外，涉及油气行业的税收优惠政策还包括部分费用扣除（包括无形钻探费用、有形钻探费用、租赁费等）、给小生产商提供耗竭补贴等。完整的法律法规体系和相关税收优惠政策成为页岩气产业发展的有力保障。

管网助推：美国天然气管网总长度约为483万千米（2020年），这些管网基本覆盖了页岩气主产区，大大减少了开发前期的投入，降低了市场风险。发达的管网将上游生产与下游加工销售无缝对接，保证了页岩气产业的产销畅通。同时，美国对天然气开发商和管道运输商实行监管分离，在监管管道输送费用的同时放开天然气价格，保证天然气生产商和用户对管道拥有无歧视准入条件，有效地促进了天然气市场公平竞争环境的形成，提高了天然气运输效率。

风险投资：大量独立基金、投机者持续给页岩油气提供融资，数额高达数百上千亿美元，极大加快了管道等基础设施的建设。据统计，当2016年国际油价到达谷底时，美国钻机数量最低到了300台左右，后来又增加了300台钻机，其中290台新钻机是由私募资本提供融资，而不是传统的石油公司。

美国"页岩革命"的成功，产生了诸多"溢出效应"：

美国能源自给水平显著提升。"页岩革命"爆发以来，页岩气的大规模开发实现了对天然气进口的有力替代，美国的能源对外依存度降至 20 世纪 80 年代以来的最低水平。美国 2011 年成为世界最大产气国，2017 年首次成为天然气净出口国，2021 年美国液化天然气（LNG）出口量已经位居全球第三，仅次于澳大利亚和卡塔尔，预计美国能源行业将不断加大全球油气出口的力度，获取"真金白银"。

"页岩革命"促使制造业重返美国。美国页岩气实现商业化后，美国乃至整个北美地区的天然气价格较之前大幅降低。较低的能源价格不仅大大降低了制造业的成本，还有利于吸引国际资本回流制造业，从而增加美国的出口和就业机会。目前美国制造业呈现复苏态势，页岩气成为提振美国经济的助力剂。

美国能源外交更加"游刃有余"。由于"页岩革命"的巨大成功，美国已经在 2009 年首次取代俄罗斯成为最大的天然气生产国，2017 年超越沙特阿拉伯成为最大的石油生产国。美国兼备石油消费大国和潜在出口国的双重优势，强力重返国际能源市场。

增强美国在气候变化方面的话语权。由于煤炭和石油在能源消费结构中占据很大比重，所以美国一直是全球碳排放大国。但是随着页岩气的大规模生产，美国的能源结构不断优化，2006 年以来碳排放量稳步降低，不断增强美国在应对全球气候变化方面的话语权和主动权。

2.5 不同资源类型的石油开采成本差异

按照不同分类标准，石油可以分为不同类型。比如，按照油田位于陆上还是海上，可以划分为陆上石油和海上石油；按照资源类型和开采难易程度，可以分为常规石油和非常规石油，非常规石油包括油砂、深海油气、页岩油、致密油等；按照地理位置，可以分为中东石油、俄罗斯石油、巴西石油等。

石油开采分为矿区取得、石油勘探、石油开发和石油生产等四个主要环节。相应的，石油开采活动中发生的支出可以分为石油区块取得支出、石油勘探支出、石油开发支出和石油生产支出四类。具体来说：（1）石油区块取得支出，是指为了取得一个区块的探矿权和采矿权（包括未探明和已探明）而发生的购买、租赁及与获得矿区有关的其他支出。（2）石油勘探支出，是指为了识别可以进行勘查的区域、对特定区域探明石油储量而发生的地质调查、地球物理勘探、钻探探井及维持未开发储量而发生的支出。勘探支出可能发生在取得有关矿区之前，也可能发生在取得矿区之后。（3）石油开发支出，是指为了获得探明储量和建造或更新用于采集、处理和现场储存石油的设施而发生的支出，包括开采探明储量的开发井成本和生产设施的支出。（4）石油生产支出，也称为操作成本，是指在油田把石油从地下提升到地面，并对其进行收集、拉运、现场处理加工和储存等活动而产生的成本。

为了便于项目成本对比，引入一个概念：盈亏平衡成本。所谓盈亏平衡成本，简单来说，就是在进行盈亏平衡分析时，假设在产品价格、销量等其他因素不变的前提下，使项目不赚不亏的成本。通常来说，根据是否考虑资金的时间价值，盈亏平衡成本分为静态盈亏平衡成本和动态盈亏平衡成本，前者不考虑资金的时间价值，而后者考虑资金的时间价值。

一般来说，不同资源类型、不同地质条件、不同国家地区、不同年代、不同技术条件的石油资源项目的开采成本都有所不同，甚至同一国家的不同地区都可能存在较大的成本差异。

根据埃信华迈公司的测算，全球2020年至2040年期间新增原油产量的成本迥异（图2.7）。该模型中，盈亏平衡价格的分析基于2018年以来给定国家的石油新项目来计算；使用贴现现金流模型（DCF）求解石油盈亏平衡成本，对于选定的典型新项目，模型假设了石油合同中的财税条款（包括税收、特许权使用费和支付给东道国政府的其他款项等）、项目产量和10%的税后内部收益率等；模型计算了2020年第一季度每个国家的平均、最低和最高三种盈亏平衡成本值，平均盈亏平衡成本是市场中一个典型新石油项目的成本值。测算结果显示：在2020年至2040年期间的新项目中，中东地区新石油项目的盈亏平衡成本区间为9～36美元/桶,俄罗斯新石油项目的盈亏平衡成本区间为20～61美元/桶,美国二叠盆地页岩油新项目的盈亏平衡成本区间为35～101美元/桶,西非新项目的盈亏平衡成本区间为15～62美元/桶,巴西新项目的盈亏平衡成本区间为23～57美元/桶,中国新石油项目的盈亏平衡成本区间为40～71美元/桶。可以看出,不同地区、不同类型、不同技术条件下的石油资源开采成本差异巨大。

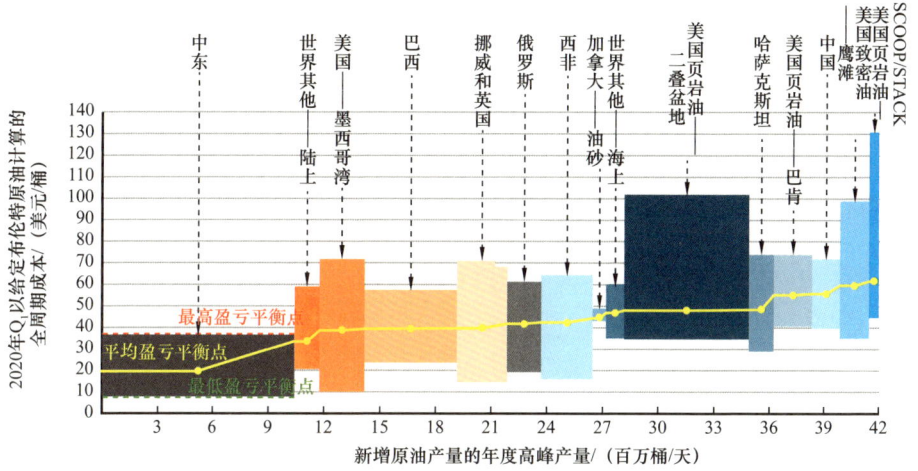

图2.7 全球2020年至2040年期间新增原油产量的成本曲线
资料来源:埃信华迈

2.6 石油行业持续投资力度

俗话说:"上天难,入地更难。"石油勘探开发要求运用地球物理、地球化学、地震、钻探、测试及油藏工程和采油工艺、油气集输等多种工艺技术,必须用大量投资购置勘探、钻井、采油机械等设备,且油田多处于边远地区,又需购置多种车辆和运输工具。因此,油气勘探开发工程是典型的技术密集型和资金密集型工程。

石油行业需要持续投资的关键原因是油田产量递减规律。常识告诉我们,只要有降水,地下水资源就能得到补充。而地下的石油资源是经过千万年甚至上亿年形成的，可以说一旦开采就无法再补充。所以，一个油田的资源量和产量必然随着开采过程不断衰减。例如，如果不考虑新发现的资源，我国东部油田的产量每年将自然递减10%以上。

要想保持产量的稳定甚至提升，就必须不断开钻新的钻井、发现新的资源、掌握新的可采储量。判断一个石油公司的发展前景，主要就看它当前掌握多少可采储量。勘探活动一旦停止，石油公司已掌握的可采储量就会不断下降。除非准备停产、转产，公司就必须不断地"找米下锅"——进行新的勘探，也需要不断新建产能。大石油公司总是希望通过不断地勘探，使当前可采储量保持稳定或增长。如果看一看大石油公司的财务报表，就可以发现这样一个事实，虽然他们每年都从销售原油中获得数千亿美元的营业收入，但每年支出的勘探开发费用同样高达数百亿美元。

我国以大庆油田和胜利油田为代表的老油田，总体上已进入高含水和高采出程度的"双高"阶段，产量递减在所难免。我国老油田现阶段石油产量的综合递减率约为5%，如果没有新储量投入生产的话，我国每年都将会有一个约千万吨规模的产量消失。要保持我国石油产量稳定增长，每年发现的新储量首先要弥补老油田的产量递减，石油产量才能进一步"爬坡"。实现这一目标是可能的，但并不容易。

要想知道全球油气投资规模有多大，可以看看国际能源署的数据。根据《世界能源投资报告（2022）》，对于油气勘探开发投资，2021年由于全球疫情放松管控、国际石油价格高涨，全球油气勘探开发投资高达3835亿美元，同比上涨10%，远高于煤炭行业的1050亿美元（图2.8）。

从投资热点地区看，北美地区是全球油气勘探开发投资最高的地区，主要集中在美国。作为油气勘探开发活动最活跃的地区，北美地区2021年油气勘探开发投资为1366亿美元，占世界油气勘探开发投资的35.6%；亚太地区投资660亿美元，占比17.2%；中亚地区投资536亿美元，占比14.0%；中东地区投资496亿美元，占比12.9%；中南美洲地区投资280亿美元，占比7.3%；欧洲地区投资269亿美元，占比7.0%；非洲地区投资228亿美元，占比5.9%。

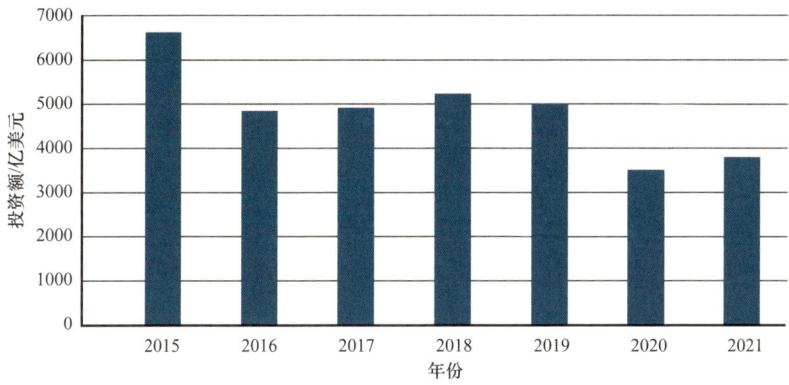

图 2.8 世界油气勘探开发投资
数据来源：国际能源署《世界能源投资报告（2022）》

国际石油巨头是世界油气勘探开发投资的引领者。以荷兰皇家壳牌、碧辟、道达尔能源、埃克森美孚、雪佛龙等为主的国际石油巨头，常年保持较高的勘探开发投资水平，2015 年接近 1410 亿美元，2020 年下降至 719 亿美元左右。以中国石油、中国石化、中国海油为主的中国国家石油公司勘探开发投资也保持较高水平，2019 年接近 576 亿美元，2020 年下降至 466 亿美元左右。中东地区国家石油公司油气勘探开发投资保持稳定，近年来维持在 400 亿美元左右（图 2.9）。

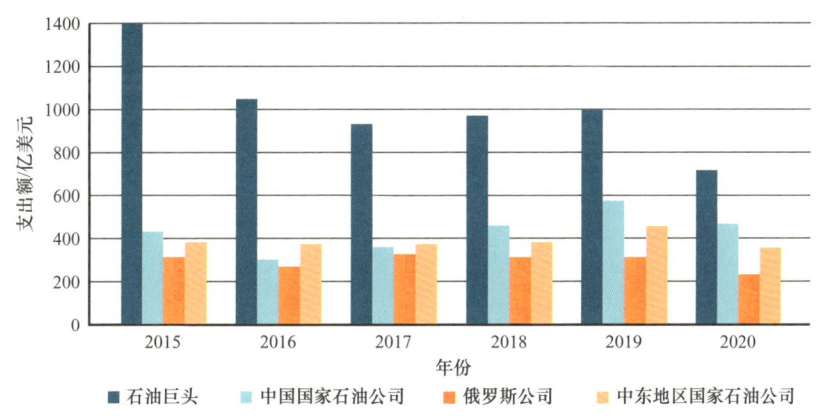

图 2.9 不同类型公司油气勘探开发支出
数据来源：国际能源署《世界能源投资报告（2021）》

2.7 石油储备可以解"燃眉之急"

资源战略储备问题，最早是由英国于 1917 年提出来的。这主要是由于第一次世界大战的痛苦经历，使各国政府认识到争夺自然资源和原料是引发国际冲突的重要根源之一。因此，资源战略储备最早是作为一种备战的重大措施而被提出的。对于油气储备，一般是国家为了保障油气安全而采取的战略性措施，成本较高，大多数资源战略储备为政府行为。

世界上第一个正式建立国家矿产资源战略储备的国家是美国。1923 年，美国总统哈丁下令建立了阿拉斯加国家海军地下油储，以保障海军石油的安全供应。所谓地下油储，是指这些地区的地下石油储量，对这些油区只探不采，仅在紧急情况下开采供海军使用，此后，油气储备的目的和形式开始多元化发展。

就目前各个国家所建立的石油储备来看，主要有两种类型：第一种是国家战略储备。这种储备是为了保障和平时期经济发展，防止发生矿产资源供应中断的"供应危机"，确保国民经济平稳运行，消除市场价格大幅度波动而进行的储备，主要由国家来实施；第二种类型是商业储备。这种储备是为了防止由于季节变化、供求变化及其他各种原因造成的油气供应障碍而进行的必要资源储备。由于这类储备是为了保证资源供给、满足市场需求，可以调节企业经济利益，规避国际油气价格的频繁波动，主要由大型油气公司拥有和管理。

从石油储备的作用看，石油储备对石油市场的供给和需求都有影响。在正常情况下，它起着调节供需的作用。但是库存油过多或过少，特别在短时间内从市场买入大量石油作为库存或向市场抛售大量库存油，都会冲击石油市场，破坏供需平衡，造成油价的剧烈波动。库存油增加，意味着增加市场需求，因而刺激油价上升；减少库存油，则将增加供应，促使油价下降。对石油进口国而言，石油储备是对付石油供应短缺而设置的头道防线，可以有效抑制油价的大幅波动。在欧佩克国家交替实行"减产保价"和"增产抑价"的政策时，石油储备能够使进口国的经济和政治稳定，减少受到人为石油供应冲击的影响，避免石油危机，平抑市场价格波动，成为市场价格的缓冲器。

从石油储备的数量看，1971 年，经济合作与发展组织国家共消费石油 16.9 亿吨，而当年的石油库存与储备约为 2.08 亿吨。但到了 1974 年 7 月 1 日，库存量达到了 3.8 亿吨，已相当于 85 天的消费量。到 1980 年 7 月 1 日，该组织的石油库存量已够用 103 天，并于 1982 年 7 月 1 日达到最高水平，为 107 天。后续直到 1989 年 7 月，始终保持在 100 天左右。2010 年 12 月，国际能源署成员国战略储备 72 天、商业储备 105 天。2021 年 12 月，国际能源署成员国战略储备 260 天、商业储备 363 天。

> **小贴士**
>
> 国际能源署成员国的石油储备要求。成立于 1974 年的国际能源署，推动成员国实施石油储备计划，建立必要的石油储备。根据 1998 年制定的《国际能源计划协议》，包括美国、日本在内的 24 个成员国要建立相当于各自 90 天净进口量的石油应急储备，并准备好共同应对影响全球石油市场的严重供应中断。

2.8 中国进口原油的来源地

由于人口众多和经济发展的原因，目前我国的石油消费量已位居全球第 2 位，仅次于美国，超过 72% 的石油消费还需要进口。2021 年，中国全年进口原油 51298 万吨，同比下降 5.4%；原油进口总值 2573 亿美元，同比大幅增加 44.2%，这主要是因为国外疫情持续蔓延、国内原油库存保持高位，尽管原油贸易进口量小幅下滑，但进口价格呈明显的上升趋势。

历史上，我国曾经一度是石油出口国。20 世纪 60 年代以来，随着大庆、胜利、辽河、大港、华北等油气田的相继发现和开发，全国原油产量迅速增长，摘掉了"贫油"的帽子。同时中国原油消费量也不断增长，增长幅度逐年略有差异。从 1965 年至 1992 年，中国原油产量大于原油消费量，使中国有剩余的原油用于出口。从 1993 年以来我国开始成为石油净进口国，1996 年以来成为原油净进口国，石油进口量逐年增加，中国石油对外依存度呈明显上升趋势（图 2.10）。

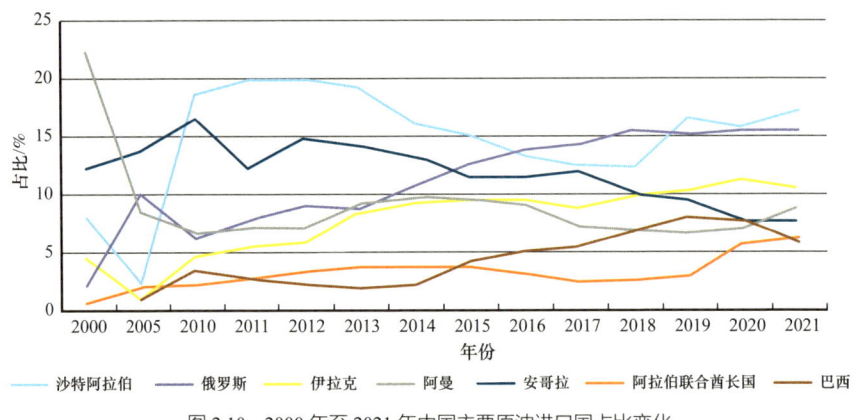

图 2.10 2000 年至 2021 年中国主要原油进口国占比变化
数据来源：中国海关总署

从进口来源看，2021 年中国原油进口量从多到少排列前十位的国家依次是沙特阿拉伯、俄罗斯、伊拉克、阿曼、安哥拉、阿拉伯联合酋长国、巴西、科威特、马来西亚和挪威（表 2.1）。

表 2.1 2021 年中国十大原油进口来源国

序号	进口来源国	2021 年进口量 / 万吨	占比 /%
1	沙特阿拉伯	8757	17.1
2	俄罗斯	7965	15.5
3	伊拉克	5407	10.5
4	阿曼	4482	8.7
5	安哥拉	3916	7.6
6	阿拉伯联合酋长国	3194	6.2
7	巴西	3029	5.9
8	科威特	3016	5.9
9	马来西亚	1854	3.6
10	挪威	1319	2.6
	合计	42939	83.6

数据来源：中国海关总署。

从重点石油来源国看，沙特阿拉伯、俄罗斯、伊拉克是 2021 年中国原油进口来源国中的前三。2021 年，从沙特阿拉伯进口的原油约为 8757 万吨，是中国最大的石油供应国。沙特阿拉伯在中国进口原油的占比曾长期名列榜首，由于俄罗斯的强力竞争，一度在 2016 年至 2018 年屈居亚军，2019 年沙特阿拉伯终于重回冠军宝座。夺得亚军的俄罗斯在 2021 年全年向中国出口原油约 7965 万吨，在中国进口原油中的占比为 15.5%。与沙特阿拉伯相比，俄罗斯的管道、船运等运输方式更为灵活，且在地理位置上更接近中国，这为其原油出口到中国提供了有力竞争条件。伊拉克继 2019 年以来第三次成为中国的第三大原油供应国，2021 年对中国的石油出口达到 5407 万吨，在中国进口原油中占比达到 10.5%。这主要是由于美国的严厉制裁严重影响了原油生产国伊朗和委内瑞拉的石油出口，伊拉克成为主要受益者之一。

中国原油进口来源国已经基本实现了多元化，这有助于保障我国国家能源安全。由于经济发展、资源国石油出口能力等众多因素存在不确定性，预计中短期内，我国原油进口数量仍将稳中有增，石油进口来源国将呈现动态变化之势。

2.9 中国油气进口的四大通道

1993 年以来，中国的石油企业"走出去"已经取得了诸多成就，其中之一就是构筑起横跨西北、东北、西南和东部四大海上跨国油气战略通道（表 2.2）。

西北通道主要包括中哈原油管道、中亚天然气管道 A/B/C 线、中亚管道 D 线。其中，中哈原油管道是我国的第一条战略级跨国原油进口管道，西起里海的阿特劳，途经阿克纠宾，终点为中哈边界阿拉山口，全长约 2800 千米，年输油能力为 2000 万吨，2006 年 5 月实现全线通油。中亚天然气管道 A/B/C 线是我国首条从陆路引进的天然气跨国能源通道。该管道西起土库曼斯坦和乌兹别克斯坦边境，穿越乌兹别克斯坦中部和哈萨克斯坦南部，经中国新疆霍尔果斯口岸入境，入境后通过霍尔果斯压气站与国内的西气东输管道相连。中亚天然气管道 A/B/C 线自 2009 年 12 月投产以来，已稳定安全运行超过 11 年，每年从中亚天然气管道输送到中国的天然气，约占中国同期天然气消费总量的 15% 以上。中亚管道 D 线以土库曼斯坦复兴气田为气源，途经乌兹别克斯坦、塔吉克斯坦、吉尔吉斯斯坦，由我国新疆南部入境，对于保障我国能源安全、发展南疆经济具有重要意义。D 线计划全长 1000 千米，设计年输气量 300 亿立方米，目前处于项目前期阶段。

表 2.2 我国四大跨国油气战略通道概况

通道	管道名称	设计年输量	目前状态
西北通道	中哈原油管道	2000 万吨	投产
	中亚天然气管道 A/B/C 线	550 亿立方米	投产
	中亚管道 D 线	300 亿立方米	前期
东北通道	中俄原油管道	3000 万吨	投产
	中俄东线天然气管道	380 亿立方米	投产
	中俄远东天然气管道	100 亿立方米	前期
西南通道	中缅原油管道	2200 万吨	投产
	中缅天然气管道	120 亿立方米	投产
东部海上通道	东部海上原油进口	—	超过 4 亿吨
	东部海上 LNG 进口	—	超过 6000 万吨

东北通道主要包括中俄原油管道、中俄东线天然气管道、中俄远东天然气管道。其中，中俄原油管道起自俄罗斯远东原油管道斯科沃罗季诺分输站，穿越中国边境，途经黑龙江和内蒙古，止于黑龙江大庆末站，管道全长近 1000 千米，设计最大年输油量 3000 万吨。2012 年 9 月，中俄石油管道谈判历经 15 年，最终签约。这是中国与俄罗斯建的第一条石油管道，具有标志性意义，实现了原油进口的多渠道和运输方式多元化。中俄东线天然气管道项目包括俄罗斯境内的西伯利亚力量管道、中方境内的中俄东线天然气管

道。中俄东线天然气管道起自俄罗斯东西伯利亚，由布拉戈维申斯克进入中国黑龙江省黑河市。俄罗斯境内管道全长约3000千米，中国境内段新建管道3371千米，利用已建管道1740千米。2014年5月项目签约，期限30年。2019年12月2日，中俄东线天然气管道正式投产通气。第一年内引进50亿立方米天然气，黑吉辽、京津冀等地直接受益，以后将逐年增加输量，最终达到380亿米^3/年。中俄远东天然气管道目前处于项目前期阶段。

西南通道主要是指中缅油气管道，包括中缅原油管道和天然气管道，可以使原油和天然气运输不经过马六甲海峡，从西南地区输入到中国。中缅原油管道的起点位于缅甸西海岸皎漂港东南方的马德岛，2010年6月开工建设，2017年3月投产，原油管道国内全长1631千米，设计能力为2200万吨/年。天然气管道起点在皎漂港，管道在缅甸境内全长771千米，国内全长1727千米，2010年6月正式开工建设，2013年7月投产，设计能力为120亿米^3/年。

东部海上通道主要包括东部海上原油进口、东部海上LNG进口。2020年，我国全年的原油进口量高达54240.8万吨，大约90%的进口原油是通过海运通道进口的，多从中东地区经海运进口运送至中国。我国进口天然气主要是液化天然气（LNG）和管道天然气，2020年进口天然气总量约为10192.6万吨，约三分之二从海运通道进口，三分之一从管道进口。

未来，中国原油进口通道将保持以海运为主，中俄、中哈、中缅陆上管道进口为辅的基本格局。天然气进口中，预计LNG的占比将逐年上升，管道天然气也仍是中国天然气进口的重要来源。

2.10 石油供应安全是个伪命题吗？

中国既是石油生产大国，更是石油消费大国。进入21世纪以来，我国油气需求大幅增长，国内产量与需求量之间的差距越来越大。2021年我国石油年消费量近 6.8 亿吨，比 2000 年增长了近 2 倍。从 1993 年成为石油净进口国开始，我国石油对外依存度持续快速攀升，2021 年达到 70% 以上，远远超过了国际上公认 50% 的石油安全警戒线（图 2.11）。

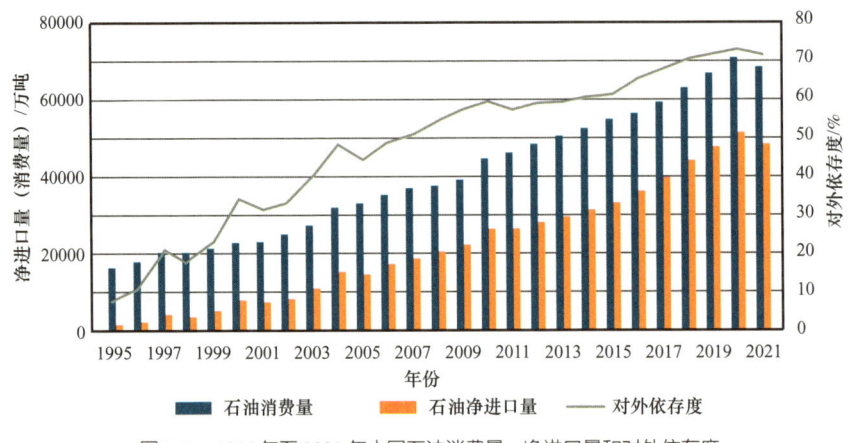

图 2.11　1995 年至 2021 年中国石油消费量、净进口量和对外依存度
数据来源：《中国能源统计年鉴》和《中国石油和化工经济分析》

为了提高我国石油安全稳定供应的保障程度，建立健全石油安全体系势在必行，主要有以下六个方面的措施：

（1）坚持把节约放在首位，努力提高石油利用效率。2000 年以来，我国石油利用效率提升较快，但与国际先进水平相比仍有较大差距。依靠高投入、高能耗、高资本积累带动经济增长和工业化的方式必须转变，必须在生产、流通、消费各个环节采取综合措施，提高利用效率。

（2）加强国内勘探开发，发挥国内油气资源的基础性保障作用。既要加大勘探投入，推动技术进步，加快资源向储量的转化，夯实发展的资源基础；也要依靠技术进步提高油气采收率，把已发现储量尽可能多地采出来。我国东部主力油田总体已进入产量递减阶段，稳产难度加大，但如果采收率提高一个百分点，可采储量就可增加 2 亿吨以上。

（3）积极开发利用海外资源，构建多元稳定的油气供应体系。利用海外油气资源一般有两种途径，一种是发展国际石油贸易，通过加快建立多元稳定的国际石油贸易网络体系，努力实现油气进口来源、品种、渠道、方式和通道的多元化。另一种是积极参与海外油气勘探开发，努力提高获取权益油的能力，提高进口资源的保障程度。

（4）建立石油储备和预警制度，构建应对石油风险的安全保障体系。2003年，我国首次建立国家战略石油储备制度，规划了四个储备基地，即浙江镇海和岱山、青岛黄岛、大连新港。经过三期建设，加上企业商业储备，基本可以满足60天净进口量，但与国际能源署90天净进口量的基本储备要求相比还有一定距离。同时，还需要建立安全预警应对机制，防范和应对突发事件造成的石油供应急剧变化甚至中断。

（5）积极发展替代能源和新能源，缓解石油供应压力。面对我国日益严峻的石油供需形势，要积极推进车用替代燃料和可再生能源的开发和利用。车用替代燃料包括压缩天然气（CNG）、液化石油气（LPG）、天然气合成油（GTL）、煤基液化（CTL）、生物质燃料和氢燃料电池等。我国可再生能源资源比较丰富，保守估计，可开发利用的风能资源有几亿千瓦，地热能、太阳能和生物质能等也潜力巨大，需要采取多渠道和灵活的方式鼓励发展利用替代能源和可再生能源。

（6）深化能源体制改革，进一步完善市场体系。一是理顺能源管理体制，加强对煤、电、油气的统一规划和领导，制定相关产业政策，保证能源行业可持续发展。二是进一步完善能源产业政策，按照市场化改革的方向，理顺能源价格体系。三是加快石油立法，运用法律手段确保能源工业可持续发展。四是充分利用体制改革、法制建设和机制完善等手段，培育节约型油气生产与消费市场。

未来我国石油安全面临的外部风险主要有资源供给、市场价格、运输通道及地缘政治等。我国将奉行"互利合作、多元发展、协同保障"的能源观，进一步深化与世界石油工业界的交流与合作，共同维护世界能源供需的平衡与稳定，共同推进世界石油工业可持续发展，促进全球经济繁荣发展。

三　牵动民生的石油商品与消费

石油被誉为"黑色的金子""工业的血液",是保障国民经济持续发展的重要支柱,与人类的生活、生产活动密切相关。开采出的石油经过复杂的炼制过程"蜕变"为与生产、生活紧密相关的石油产品,这些石油产品进入工业、交通运输业、建筑业及人们的日常生活各个领域。其中,油价涨跌对人们生活的影响最为直观。世界范围内,不同国家的成品油价格千差万别,不仅如此,不同国家之间的石油生产、消费和加工能力同样存在很大差异。美国作为世界上最大的石油生产国和消费国,拥有发达的石油工业和繁荣的汽车行业;中国和印度则是石油消费增速最快的国家,与美国共同高居全球石油消费国前三名。目前,全球石油消费增速已逐渐放缓,未来面向碳中和目标,石油消费将面临着全新的变局。

3.1 石油如何走进我们的日常生活？

石油从地下开采出来后不能直接使用，需要通过物理或化学方法的处理和加工才能够被人们利用，这种加工处理的过程就是石油的炼制。该过程主要分为一次加工、二次加工和油品精制加工三个阶段。

一次加工

石油炼制的第一个阶段是一次加工。该阶段主要根据石油不同组分的沸点和密度差异，在石油脱盐、脱水后，采用常减压蒸馏的物理方法将石油分成多种馏分。该阶段的主要产品有汽油、喷气燃料、煤油、柴油、石油溶剂、燃料油、润滑油、石蜡和沥青。汽油和喷气燃料主要是汽车、摩托车和飞机等交通工具的燃料；煤油主要供照明、生活炊事用；柴油则广泛应用于大型车辆和船舰；燃料油用作锅炉、轮船及工业炉的燃料；石油溶剂用于香精、油脂、试剂等；润滑油除润滑性能外，还具有冷却、密封、防腐、绝缘等作用；石蜡主要做包装材料、化妆品原料及蜡制品，也可合成生产肥皂的原料脂肪酸；沥青具有很好的黏结性、绝缘性、隔热性及防湿、防渗、防水、防腐、防锈等性能，主要供道路、建筑使用。

二次加工

石油炼制的第二个阶段是二次加工。该阶段是对石油蒸馏处理后得到的轻馏分物质进行化学处理，主要方法有催化裂化、催化重整、加氢裂化、延迟焦化、炼油厂气加工等。二次加工一方面能提高石油的加工深度，产生优质汽油、柴油、煤油和润滑油；另一方面可生产重要的化工原料，例如芳香烃、烯烃和烷烃。这些化工原料可进一步经过高分子聚合，形成日常生活中广泛应用的合成树脂、合成纤维和合成橡胶。合成树脂是塑料的基本原料，合成纤维是重要的纺织纤维，合成橡胶是由乙烯、丙烯、丁烯和芳香烃等单体聚联成的具有弹性的大分子固体，可大致分为通用合成橡胶和特种合成橡胶两大类。通用合成橡胶主要用来生产各种轮胎、工业用品、生活用品及医疗卫生用品;特种合成橡胶是专门在特殊条件下使用的橡胶制品,如耐油胶管、油箱、密封垫片等。除了以上介绍的产品外,石油的加工产物还可以制得化肥、染料、农药、医药等。

精细加工

石油炼制的最后一个阶段是油品精细加工。由于蒸馏过程得到的工业用油质量标准不同,所以在炼制成产品前,还需要进行精制处理或特殊的工业处理,进一步精制,除去杂质,改善性能,使其达到合格标准。处理的方法主要有酸精制、碱精制、脱臭、加氢、脱蜡等。

基于上述石油炼制过程,人们已经能够从石油这种单一资源中获取5000多种产品。历经"蜕变"后的石油产品已遍及到工业、农业、建筑业、交通运输业和人们日常生活中的各个领域(图3.1)。

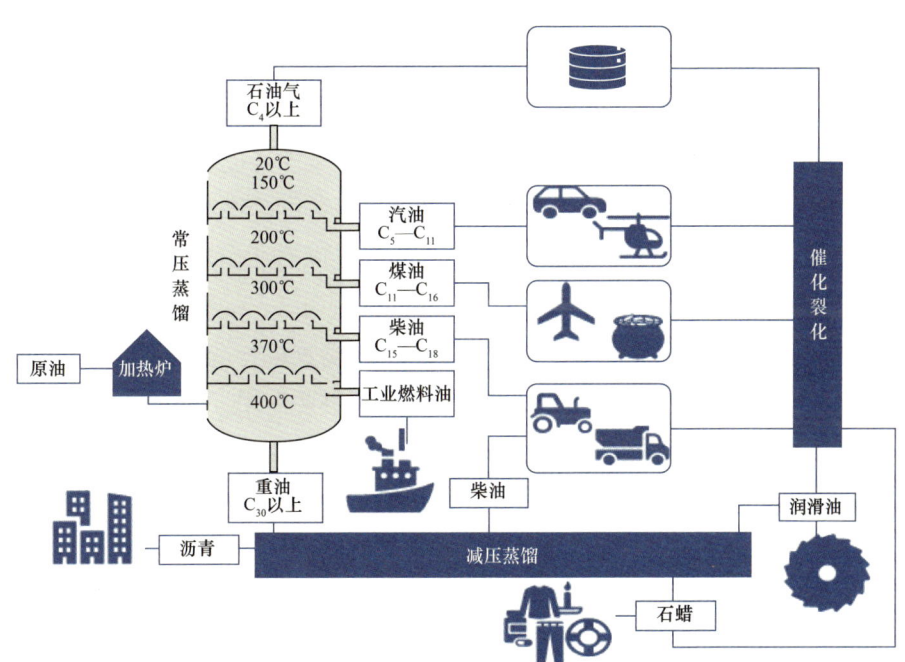

图 3.1　石油加工过程示意图

3.2　人的一生能够消费多少石油？

受生活水平、消费习惯、预期寿命等诸多个体因素及统计口径差异的影响，人的一生究竟消费多少石油这个问题或许永远得不到准确答案。不过可以确定的是，人的一生中"衣""食""住""行"处处离不开石油，时时刻刻都在直接或间接地消耗石油（图3.2）。

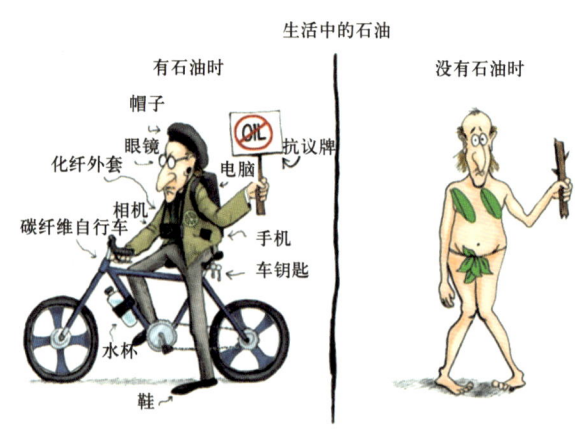

图 3.2　人的衣食住行与石油消费

🏷 衣

工业化丰富了衣料的来源，大量具有优质功能的合成纤维同天然纤维一道，为人们提供了更多的材质选择。这些合成纤维的生产离不开石油工业的有力支撑。例如，干爽不贴身的莫代尔面料就是以石油作为原材料，生产得到的合成纤维。石油合成材料相较天然生物材料而言，优势还在于可以通过高效率生产来控制经济成本，具有较高的"规模效益"。石油不仅可以制作现代衣料，还对维持衣服色泽、清洗污渍起到重要作用。漂洗剂、染色剂、洗衣剂都含有石油化工原料成分。

🏷 食

石油并不能被人们直接食用，但是石油的衍生物却与我们的食物关系密切。化学工艺制取的氮肥是粮食生长茂盛的重要保障，可以与有机肥一起为粮食提供氮元素。其次，让食物色泽诱人、口味香醇又安全的食品添加剂也是以石油为原料的化工产物。例如，在汽水、果汁等饮料中，想获取温和爽快的酸味，就必须仰仗柠檬酸这种主流酸味剂。另外，给人带来清新口气的口香糖之所以具有嚼不烂的特性，正是因为由石油衍生品制备的胶基在发挥作用。制备药品时必不可少的苯，也需要从石油中制取获得。

住

建筑材料与生活用品也离不开石油的参与。进家门，立马换上塑料拖鞋；吃完饭后，将吃剩的食物用塑料保鲜袋包好再放入冰箱，这些在我们看来再平常不过的事情正是石油带给我们的便利。由于轻便的特性，各种品类的塑料材料已经广泛应用到各种生活场景。不仅是塑料材料需要石油，粉刷墙体的各色油漆涂料也需要石油作为基础物质原料，连化妆品背后也有石油的功劳。不管是洗面奶中的矿物油，还是凡士林、香精、石蜡，无一例外都源自石油。

行

川流不息的车流是现代城市的标配。汽油、柴油和煤油作为交通工具的燃料，其需求量随着运输技术的发展和运输需求的不断增加而激增。即使未来随着能源低碳转型步伐的加大，燃料油需求增加的空间会被压缩，石油对人们缩短物理隔阂、增强不同社会族群间文化交流所做出的贡献仍不应被遗忘。

据统计，人的一生平均要"吃"掉551千克石油、"穿"掉290千克石油、"住"掉3790千克石油。如果再加上"行"，人的一生在"衣""食""住""行"方面消耗的石油总量差不多是8470千克。如果您对这些数字没有特别概念的话，我们可以一起算笔账。我们一起将它们折成相同质量的汽油可供汽车行驶的距离。经计算，单单是一个人在"衣""食""住"方面的石油消费量便可以让一辆排量为2.0的小轿车在高速公路上行驶8万千米，相当于环绕赤道行驶两圈。"行"方面的石油消耗又可以让这辆小轿车环绕赤道继续行驶一圈半多。也就是说，人的一生在"衣""食""住""行"方面消耗的石油可以让这辆小轿车环绕赤道行驶超过三圈半。

综上，人的一生究竟消费多少石油或许永远不可能得到准确答案。然而，相对于准确的答案而言，老百姓的消费行为、生活习惯、石油资源的节约意识和有效的节约方式则显得更为重要。

3.3 石油都是怎样被用掉的？

石油从地下开采出来后经过炼制加工，会产生多种多样的石油产品。那么这些石油产品都是如何用掉的呢？回答这个问题需要区分石油产品需求部门并结合石油产品具体种类而开展分析讨论。

石油是如何用于交通的？

石油是交通领域的重要动力燃料来源，它使人们的便捷出行成为可能。目前，接近 92% 的交通领域用能是由石油提供的。石油具有易燃烧、燃烧充分和燃烧后不留灰烬的特点，正符合内燃机的要求。从油品、技术用途匹配上看，柴油、汽油、煤油在海陆空充当重要的动力燃料。虽然随着纯电动汽车在我国普及率逐渐提高，人们对内燃机燃料的消费需求正在逐渐降低，但是交通部门的发展与石油产品依然紧密相连，如润滑油应用于变速箱、连接件、减震器、制动系统等部位；塑料、橡胶应用于汽车外部构件和轮胎等；沥青则是建造柏油马路的重要原料。

石油是如何用于工业的？

石油被称为"工业血液"，形象地表明了石油对于工业的重要性。化工业作为工业的核心，极度依赖石油化工原料。由于石油可以炼制成绝大部分基本化工原料，而基本化工原料又可以生产 200 多种有机化工原料及合成材料，因此不管重工业还是轻工业领域都可以见到石化衍生产品的身影。除了化工原料产品，工业设备运转的动力来自石油燃料；工厂中的仪器、仪表、机械零件的清洗需要借助石油溶剂；工业生产制造中的仪器、机械设备也都需要润滑油才能运行。

三 牵动民生的石油商品与消费

🔹 石油是如何用于建筑及居民生活的?

一栋栋美轮美奂的建筑物实现修建落地均伴随着石油的消耗，因此石油又被称为"建筑脊梁"。建筑结构所需的结构构件多是钢筋、混凝土等工业产品，因此建筑结构通过对工业部门产品的需求间接消耗了大量的石油。除了结构构件以外，建筑所需其他材料中的合成高分子材料，如塑料、涂料、沥青等生产过程中均消耗了大量的石油。沥青可用作防潮、防水、抗渗材料，也能充当胶结剂，还可以和土混合制成沥青砖；塑料是门窗、板材、屋顶瓦的重要原料；石蜡可用于制作纤维板，广泛应用于室内外装潢、民用家具等。

🔹 石油消费在各部门是如何分布的?

中国石油消费总量由 1980 年的 8757 万吨上升至 2020 年的 65369 万吨，增长了六倍多，年均增长率为 5.2%。其中工业和交通业是石油消费大户，分别消费 27711.1 万吨和 20481.4 万吨，各占 42.39% 和 31.33%，两者占总消费量的近四分之三；居民生活和建筑业石油消费量相对较低，年消费量分别为 7170.1 万吨和 4180.3 万吨，分别占 10.97% 和 6.39%（图 3.3）。

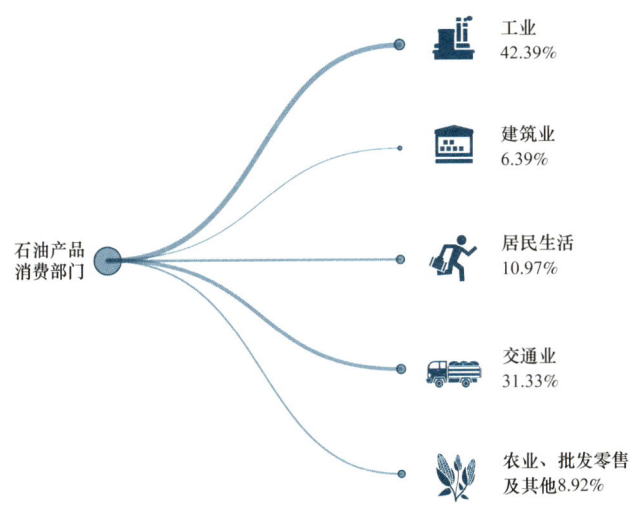

图 3.3　中国 2020 年石油产品消费部门去向
数据来源：《中国能源统计年鉴（2021）》

3.4 为什么说美国是一个建立在车轮上的国家？

汽车是美国 200 多年文明的承载者。"没有汽车的出现，就不会有现代的美国"。汽车在美国人的眼里就像是一件生活必需品，必需程度几乎等同于吃饭喝水。数据表明，大约只有 5% 的美国人选用公共交通方式通勤。从汽车保有量上来讲，美国千人汽车保有量为 800 辆左右，也就是说，美国成年人基本达到了人均一辆车的程度。究其原因在于美国国土幅员辽阔，大多数美国人的居住地比较分散，再加上美国很多城市的公共交通设施不发达，公共交通出行的性价比、便捷程度远低于汽车出行。此外，美国人均收入水平稳居世界前列，这也使美国老百姓具有购买汽车乃至购买多辆汽车的消费能力。

▰ 汽车业繁荣发展

汽车行业与石油行业的发展相辅相成。作为动力来源的石油成就了汽车工业。美国的汽车行业在 20 世纪初就开始发展，发展水平一度赶超德国领先世界。美国汽车工业的需求也促进了石油工业的发展，开启了一个庞大的石油产业。石油产业和汽车工业的相辅相成，为美国成为车轮上的国家提供了基础保障。根据美国交通运输部的统计数据，2021 年美国汽车的生产量为 916.7 万辆，在全球的占比从 1961 年的 43.8% 下降至 2021 年的 11.4%。2021 年，美国新车的销售量为 1493 万辆，较 2020 年的 1447 万辆增长 3.1%。截至 2020 年底，美国汽车保有量 2.7 亿辆，每千人汽车保有量 813 辆（图 3.4）。

▰ 石油工业发达

美国强大的石油生产能力为大量的汽车拥有量做了很好的基础保障。据 bp 数据显示，2021 年美国石油生产量为 7.1 亿吨，居世界第一。不仅如此，美国还拥有极为强大的石油加工能力，长期是世界上最大的炼油生产国。2021 年美国的原油炼化加工产量约占世界原油炼化加工产量的 17.6%。

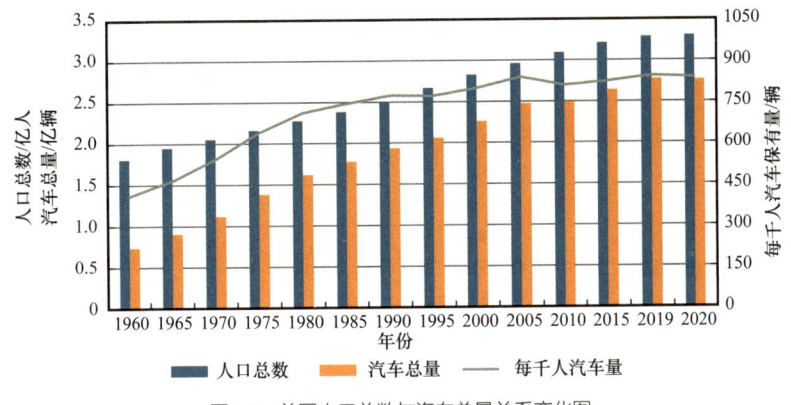

图 3.4　美国人口总数与汽车总量关系变化图
数据来源：美国运输部和世界银行

从美国炼油行业的发展来看，1920 年至 1940 年是美国炼油行业的高速发展阶段，从炼油厂数量到成品油产量都有显著增长。在随后的 30 年里，美国炼油行业布局逐渐形成，也建成了较为完善的原油和成品油管网。20 世纪 70 年代至今，美国炼油行业以技术改造和环保升级为主要发展方向。截至 2022 年，美国运营中的炼油厂共有 130 座，总计加工能力 9.0 亿吨 / 年。美国石油开采时间长，进入 21 世纪后逐渐成为石油进口大国，但自从页岩油商业化开采技术突破后，美国石油产量重新回到巅峰，即使在饱受疫情侵扰的阶段，美国 2020 年上半年平均每天的石油出口量也能达到 540 万桶，是举足轻重的石油出口大国，而出口量第一的沙特阿拉伯为 700 万桶 / 天，足以表明美国石油工业的发达。

3.5　石油的主要消费国有哪些？

全球石油消费在过去 20 年间（2001 年至 2021 年）总体上表现出增长的趋势。在此期间，全球石油年消费量由 36.0 亿吨增长至 42.5 亿吨，增长了 17.9%。然而，石油消费在全球尺度呈现出极大的不均衡性。全球前十大石油消费国如图 3.5 所示，这些石油消费大国的共同之处在于其要么是经济水平较高的发达国家，要么是人口数量庞大的发展中国家。

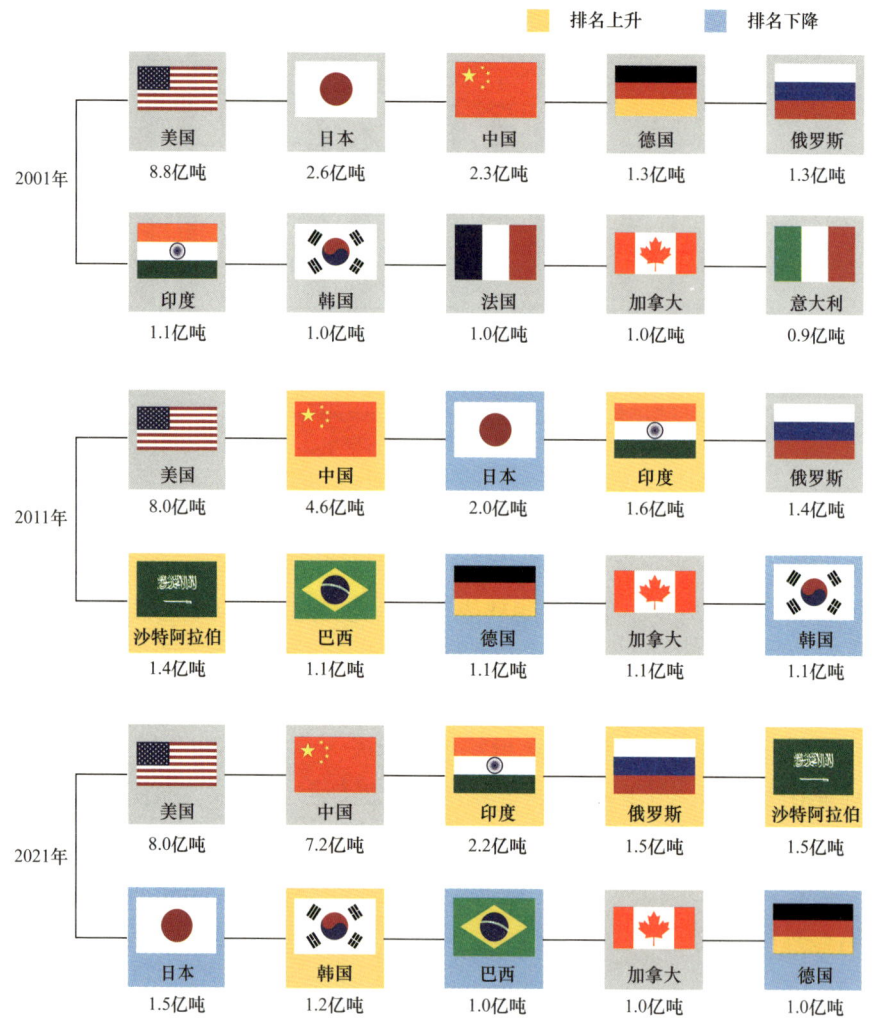

图 3.5　2001 年至 2021 年全球十大石油消费国
数据来源：bp《世界能源统计年鉴（2022）》

🔹 美国

过去 20 年间，美国石油消费量始终保持全球领先地位，2001 年和 2011 年美国石油消费量分别是当年第二大石油消费国的 3.4 倍和 1.7 倍；2021 年美国石油消费量比第二大石油消费国高出 11.8%。2021 年，美国全年石油消费量为 8.0 亿吨，较 2001 年的 8.8 亿吨减少了 8.5%。由于亚洲国家石油消费的快速增长，美国石油消费的全球份额从 2001 年的 24.4% 逐渐下降至 2021 年的 18.9%。

2001 年至 2011 年间，美国石油消费量远高于其他国家，2001 年美国石油消费量为 8.8 亿吨，独占全球 24.4% 的份额；2011 年美国石油消费量下降至 8.0 亿吨，由于沙特阿拉伯、中国等国家的石油消费量的迅猛增长，美国在全球石油消费中的份额下降至 19.8%；2021 年该份额进一步下降至 18.9%。

中国

2021 年，中国石油消费量为 7.2 亿吨，较 2001 年的 2.3 亿吨增加了 218.3%；较 2011 年的 4.6 亿吨增加了 57.7%。中国石油消费的全球份额由 2001 年的 6.3% 逐渐增加至 2021 年的 16.9%。

2001 年至 2011 年间，中国工业化进程加快，带动石油消费快速上升，年均增速约为 8.7%，石油消费的全球份额由 6.3% 增加至 11.3%；2003 年，中国首次超越日本成为全球第二大石油消费国、亚洲第一大石油消费国。2011 年至 2021 年间，由于中国经济的高速发展，石油消费平均增速进一步增长至 10.2%。中国是全球石油消费增速最快的国家，占全球石油消费的份额逐渐增加至 16.9%，仅次于美国，稳居全球第二。

印度

2021 年，印度石油消费量为 2.2 亿吨，较 2001 年的 1.1 亿吨增加了 100%；较 2011 年的 1.6 亿吨增加了 36.7%。印度石油消费的全球份额由 2001 年的 3.0% 逐渐增加至 2021 年的 5.2%。

2001 年至 2011 年是印度石油消费增长最快的十年，十年间增长了 50.5%，石油消费量一度超越德国、俄罗斯，跃居全球第四，全球石油消费份额也从 2001 年的 3.0% 增加至 2011 年的 4.0%。2011 年至 2021 年间，印度依然保持较高的石油消费增速，十年间增长了 36.7%，随着印度石油消费量超越日本跃居全球第三，其在全球石油消费份额也增加至 2021 年的 5.2%。

3.6 石油消费到达峰值了吗？

全球气候变化是当今国际社会所面临的最大挑战之一。二氧化碳作为最主要的温室气体，其产生主要来源于化石燃料的燃烧。随着全球能源系统脱碳化步伐的加快，化石能源面临的温室气体减排压力和挑战迫在眉睫。因此，人们不禁开始关心作为高碳化石能源的石油，其消费是否已经达到峰值？

1965—2020年全球主要碳排放国排放量变化及排名视频

◆ 全球石油消费增速已趋缓

从全球视角看，根据碧辟公司发布的《世界能源统计年鉴（2022）》的数据，可以发现1990年以来，石油消费量稳步增长，但自2016年消费增长速度开始显现下降趋势，而由于新冠疫情的限制和封锁，2020年全球石油消费量下降9%，出现自1990年以来的最大降幅（图3.6）。多家代表性研究机构对能源发展趋势进行展望，国际能源署、艾奎诺公司（原挪威国家石油公司）等认为石油消费短期内会继续上升，2030年前后进入峰值平台期；转型政策激进的碧辟公司、荷兰皇家壳牌石油公司等则认为石油消费持续增长的时代已经逝去，可能永远不会回到新冠疫情暴发前的水平。这说明即使全球石油消费还没有达峰，石油消费在全球气候变化的大环境下也在趋向峰值。

图 3.6　全球石油消费及其增速
数据来源：bp《世界能源统计年鉴（2022）》

部分区域石油消费已达峰

从国家视角看，发达国家已完成工业化，随着能效进一步提高及运输业的电气化，石油消费总体达峰。以欧洲地区为例，1990 年至 2021 年，欧洲地区石油消费减少 16478 万吨，地区石油消费占比从 1990 年的 26% 下降到 2021 年的 15%。相反，发展中国家石油消费仍处于上升状态。1990 年至 2021 年，亚太地区石油消费增长 98612 万吨，是世界石油消费净增量的 0.9 倍，其中作为新兴经济体的中国和印度分别占总增量的 55% 和 15%，地区石油消费占比从 1990 年的 21% 上升至 2021 年的 39%，成为石油消费增长主要贡献地区（图 3.7 和图 3.8）。

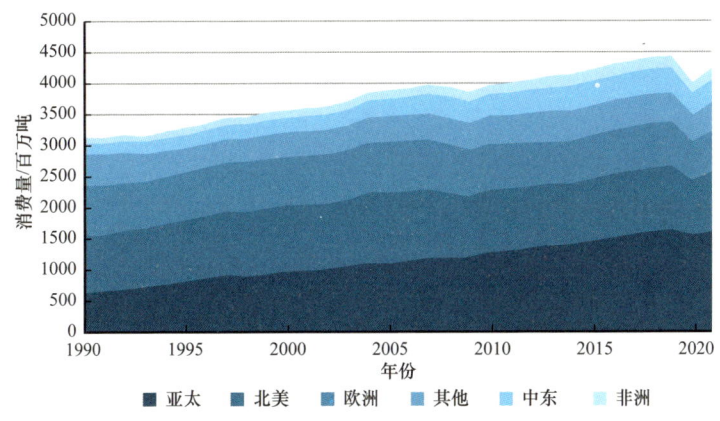

图 3.7 全球地区间石油消费变化对比
数据来源：bp《世界能源统计年鉴（2022）》

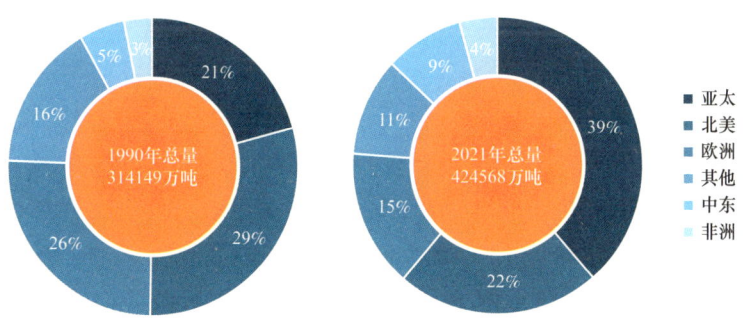

图 3.8 全球地区间石油消费差异
数据来源：bp《世界能源统计年鉴（2022）》

包括中国在内的世界多国已经提出了碳中和目标，这意味着未来化石燃料消费将受到碳排放约束的限制。作为世界最大的二氧化碳排放国和气候变化的积极践行者，我国也将在未来逐渐成为能源转型的引领者，为全球应对气候变化做出积极贡献。

◼ 石油消费峰值的不确定性因素

不同国家石油消费特征的差异意味着各国到达石油消费峰值的时间不可能同步。不同国家石油消费存在显著差异的本质原因是石油消费与社会经济所处的发展阶段密切相关。日益紧张的地缘政治格局为石油消费增加了诸多不确定性。此外，石油消费在很大程度上也取决于各国所采取的应对气候变化的政策强度及后续实施的力度。因此，众多不确定因素的存在使我们不必纠结石油消费峰值出现的具体时间，把握宏观大势更为重要。就我国而言，石油消费将在未来二十年间经历先增长后逐渐稳定的过程，而我国2040年后的深度脱碳将依赖于石油消费的大幅下降，届时我国石油消费的峰值也将出现。

3.7 为什么一桶轻油与一桶重油的价格差异那么大？

轻油价格和重油价格都被作为石油的基准价格。西得克萨斯州中间基原油（WTI）价格就是用轻油价格作为基准价格，而加拿大精选原油（WCS）价格则用重油价格作为基准价格。但是，重油价格相较轻油价格更为便宜，二者之间始终存在着价格差。例如在2018年12月，WCS重油交易价格约为6.0美元/桶，同期WTI轻油价格则高达49.5美元/桶。到2020年3月，WCS重油价格跌至每桶不足5美元，这一价格在加拿大仅相当于一品脱（大约568毫升）啤酒的价格。回归到油品本身，轻油和重油到底有什么差异呢？它们的价格差异又为什么那么大（表3.1）？

表 3.1 全球不同产油地原油特征及价格（2014 年 4 月 16 日）

产油地	重度 /API 度	含硫量 /%	价格 / 美元
委内瑞拉_重油	16.00	3.34	96.34
加拿大_西加拿大精选原油	20.30	3.43	84.41
美国墨西哥湾玛雅原油	20.50	3.13	94.79
印度尼西亚杜里原油	20.80	0.20	107.04
沙特阿拉伯重油	27.00	2.80	103.43
美国墨西哥湾火星原油	28.90	2.05	100.26
阿拉伯联合酋长国迪拜原油	30.40	2.13	106.63
尼日利亚福卡多斯原油	31.00	0.30	111.49
俄罗斯乌拉尔原油	31.60	1.30	109.28
美国（阿拉斯加州）北坡原油	31.90	0.93	110.16
中国大庆原油	32.20	0.11	112.47
安哥拉卡宾达原油	32.50	0.13	107.49
沙特阿拉伯轻质原油	32.50	1.80	108.18
加拿大（阿尔伯塔省）合成原油	33.00	0.05	106.86
阿曼原油	33.00	1.11	109.98
印度尼西亚米纳斯原油	34.00	0.09	114.74
俄罗斯 ESPO 原油	34.50	0.62	112.08
尼日利亚夸伊博油	35.20	0.12	110.13
美国路易斯安那轻质原油	36.40	0.13	105.51
北海布伦特原油	37.90	0.45	109.6
阿尔及利亚撒哈拉混制原油	37.90	0.45	109.6
尼日利亚邦尼轻质原油	38.20	0.15	109.98
沙特阿拉伯极轻油	38.40	1.16	110.13
美国西得克萨斯中质原油	38.70	0.45	103.9
美国巴肯轻油	39.00	0.18	98.76
马来西亚塔皮斯轻油	44.60	0.03	116.16

数据来源：Commodity Research Group（CRG）。

轻油和重油的加工成本差异

轻油和重油的区别主要来自重度和沸点（图3.9）。重度是用来描述油品密度的指标，其与密度成反比，密度越小，重度越大。一般将重度大于10API度的原油称为常规石油，具体又分为：重油（重度在10～20API度）、中质原油（重度在20～34API度）、轻质原油（重度大于34API度）。从相对密度差异而言，较为形象的说法是如果得克萨斯的原油像水，那么加拿大的原油就像枫糖浆。两者的区别还在于沸点，沸点较高的是重油，一般在500℃以上；沸点低的是轻油，一般在50～350℃之间。

从加工提炼工艺角度看，轻油通常由原油直接蒸馏得到，也可以由二次加工汽油进行加氢精制后获得。而处理重油一般需要二次加工，例如焦化装置、加氢处理装置等，它的处理比轻油更复杂、成本更高。因此考虑炼油厂额外的成本和资本投入，重油一般售价偏低，以确保炼油厂可以获得裂解利润。由此可知，加工提炼工艺差异是导致轻、重油价格差异的首要原因。

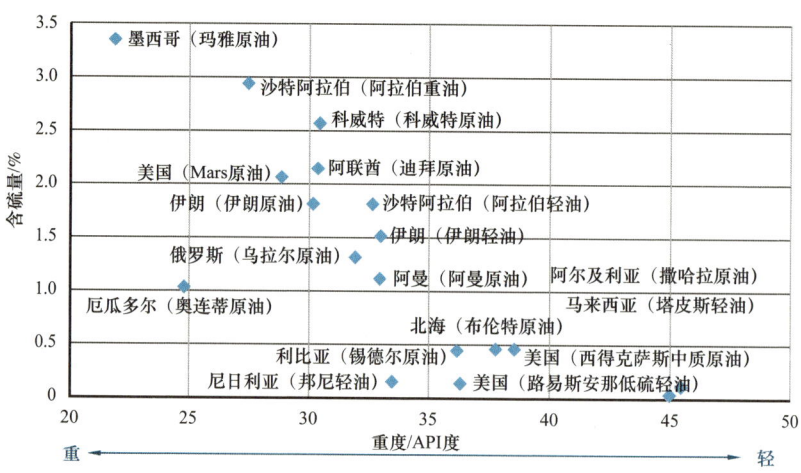

图3.9 不同产地原油的重度和含硫量

数据来源：美国能源信息署

轻油和重油的使用价值差异

由于轻油和重油用途各有不同，各具特有的价值，使用时需要根据不同需求进行选择。轻油主要用于石油化工，是化肥、乙烯生产和催化重整的原料，也可以用作生产溶剂油或作为汽油产品的调和组分，在整个化工行业占据不可或缺的地位。低硫轻质原油还是炼油业者的首选，是包括汽油、柴油、民用燃料油和航空燃油等高价值产品的原料。重油主要用于我国电力行业燃烧发电。据统计，发电消费的重油占全国重油消费量的40%以上。重油的第二大用途是用于石化行业制造化肥原料和石化企业的燃料，占全国重油消费总量的25%。重油第三大用途是用于交通运输行业，主要是船舶燃料，占消费量的22%。重油需求增加最多的是建材和轻工行业，占消费总量的14%。轻、重油用途差异的本质是使用价值的差异，这是二者价格差异的另一个原因（图3.10）。

> **小贴士**
>
> 重度和含硫量是衡量原油品质的两个指标。重度是原油的相对密度，和密度成反比，重度越低，加工出来的轻烃越多；含硫量越高，加工时需要增加额外的投资。

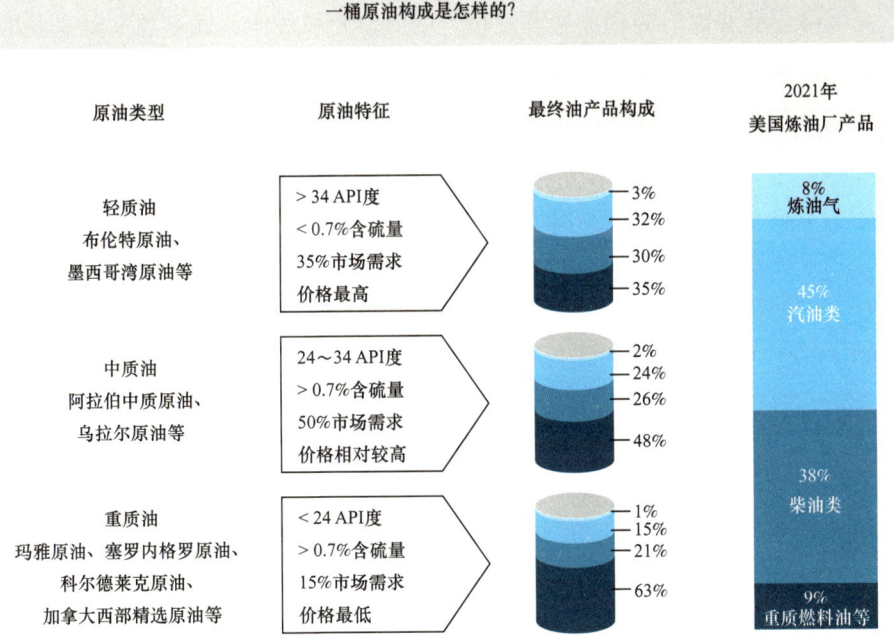

图 3.10 不同原油的成分及价值差异
数据来源：瓦莱罗能源（VALERO）

3.8 为什么不同国家加一升油成本差异那么大？

2022年2月14日，全球汽油平均价格为8.01元/升。其中委内瑞拉的汽油价格最低，仅为0.159元/升；中国内陆汽油价格居中，排第97位，为8.244元/升。通常，人均收入较高的国家，汽油价格也偏高。但是，美国作为一个发达且富裕的国家，其汽油价格较低，仅6.441元/升。在原油基本实现全球统一价格的背景下，为什么不同国家一升油的价格千差万别？为回答这一问题，需从"成品油的一生"来分拆每个环节的价格差异，进而分析整体价格差异的原因。原油被开采出来之后，经过炼化加工成各类成品油，再通过运输、销售成为消费者车辆的"食物"。因此，原料成本、炼化成本利润、贸易商和加油站的成本利润、政府部门征收的税费都会直接影响成品油的价格。

◆ 成品油价格构成分析

围绕成品油价格的构成展开分析。第一，原料成本，顾名思义就是获取原油的成本支出，包括资产购买、运输、储存等环节的成本支出；第二，炼化成本及利润，包括炼化厂把原油炼化成汽油等石化产品的成本和利润；第三，贸易商及加油站的成本利润，包括贸易商运输成品油及加油站零售的成本和利润；第四，政府部门征收的税费。以我国成品油各环节价格组成为例，原料成本约占零售油价的37%，其中炼化环节的成本利润约占零售油价的5%，这一部分成本及利润约占零售油价的10%，各类税费则约占零售油价的48%。

◆ 税收差异是导致不同国家价格差异的最重要因素

税收是导致不同国家成品油价格差异的主要因素，体现了不同国家的宏观调控意图和能源政策导向。截至2023年，我国柴汽油消费税实行固定税率，汽油的单位税额为1.52元/升，柴油的单位税额为1.2元/升。在欧盟27国中，保加利亚的成品油消费税率最低，折合人民币3.01元/升；税率最高的为荷兰，高达6.29元/升。美国成品油消费税包括联邦消费税和州消费税，各个州的成品油消费税税率不同，从全美平均水平来看，其成品油税率为 0.86 元 / 升。相比之下，我国成品油税率在世界上属于中等水平。我国的税费主要包括增值税、消费税、城建税、企业所得税、教育费附加和地方教育费附加六类税费。其中，成品油消费税从 2012 年 9 月起，由向企业征收改为向居民个人征收，即消费者在购买成品油时，支付的价款已包含成品油各类税款。

国家间税收水平的差异也反映了不同国家对油品消费的态度差异（图 3.11）。在缓解气候危机的背景下，适当增加油品税，可以为保护环境、节约能源起到正向促进作用。

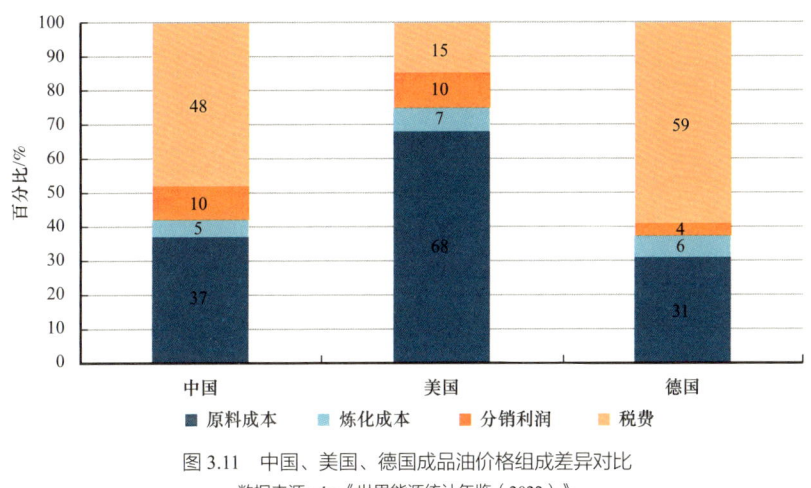

图 3.11　中国、美国、德国成品油价格组成差异对比
数据来源：bp《世界能源统计年鉴（2022）》

3.9　原油价格降了，成品油为什么没有便宜？

人们普遍认为，原油价格和成品油价格应该是同步涨跌。然而，令人困惑的是有时候原油价格下降，但加油时汽油、柴油却没有便宜，出现这种情况的原因与我国的成品油定价机制密切相关。按照成品油定价机制呈现出的阶段性特征，可将我国的成品油定价机制演变过程分为三个阶段：完全政府管制阶段、"双轨制"阶段和向市场化过渡阶段（图 3.12）。

完全政府管制

第一阶段是完全政府管制阶段。20世纪80年代以前的国内油价基本为计划经济条件下的完全政府管制，在这一阶段各个重要城市的成品油价格由政府直接制定，原油和成品油价格与国际市场存在较大的差异。这一阶段的成品油价格主要有两大特点：一是政府对开采、生产提炼等环节进行全面计划，各地方部门需严格执行指令；二是地区之间成品油价格差异较大。

"双轨制"

第二阶段是"双轨制"阶段。进入20世纪80年代后，成品油价以国家定价为主、计划内外多种价格并存。具体来看，1981年国务院开始实行石油工业量产包干，允许各石油生产单位在完成任务的基础上将生产的超额产量通过更高的价格进行销售，这就形成了计划内和计划外两种价格。双轨价格差异的拉大导致套利空间的出现，不利于我国成品油市场的发展，因此，国家取消了"双轨制"，实行国家统一制定成品油零售价格，并严格控制原油的具体流向。

向市场化过渡

第三阶段是向市场化过渡阶段。在《原油成品油价格改革方案》的驱动下，我国成品油价格在2000年6月正式开始与国际市场进行接轨，再参考新加坡市场油价作为基准价，加上与供求双方商定的贴水，最终形成国内成品油价格。2001年，我国对成品油价格形成机制再次进行了调整，将国内单一与亚洲市场挂钩的成品油价格改为与亚洲、欧洲和北美三地市场价格挂钩。2007年，在原油成本法的草案公式中，以布伦特、迪拜和米纳斯三地原油现货价格的加权平均值为基准，加上关税、消费税、增值税、运费、炼油厂炼油成本和炼油厂利润率，共同形成国内成品油零售基准价。2008年12月，国家对汽油、柴油价格设定了最高零售价格，不再设定零售价格下限，鼓励企业竞争。2009年5月，国家发改委公布的《石油价

> **小贴士**
> 升（贴）水是现货价格与参照基准价格之差，现货的价格低于参照基准价格，叫贴水；现货的价格高于参照基准价格，叫升水。

格管理方法（试行）》明确规定，当国际市场原油连续 22 个工作日移动平均价格超过 4% 时，启动汽油、柴油价格调整窗口。2013 年 3 月和 2016 年 1 月，国家发改委先后两次调整了成品油价格管理规则，一是缩短调价周期，即将成品油计价和调价周期由现行的 22 个工作日缩短至 10 个工作日，并取消上下 4% 的幅度限制；二是设定调控上限为每桶 130 美元，下限为每桶 40 美元。

总体来看，我国成品油定价机制的改革方案正处于由政府管控向市场化过渡阶段，在此过程中国家的调控政策限制了成品油价的大幅涨跌。

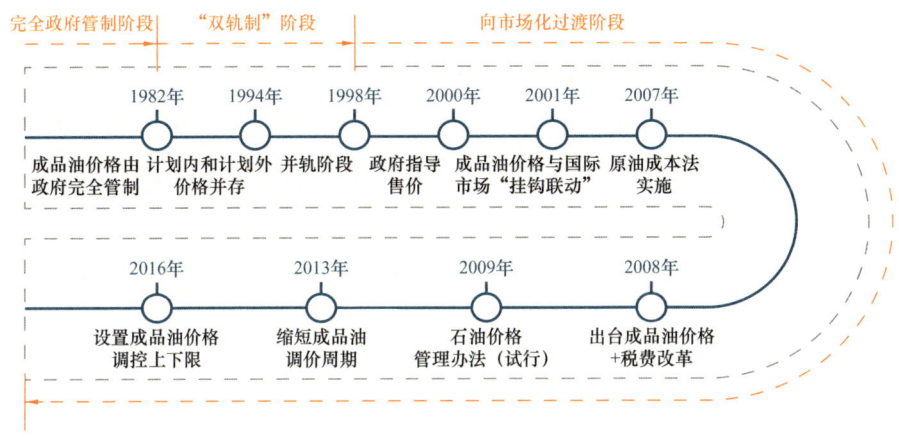

图 3.12　中国成品油价格机制演变历程

3.10　石油会被替代吗？

全球主要国家和地区碳中和目标的提出开启了能源系统的深度脱碳之路。在煤炭退出路径逐步清晰的背景下，同为化石能源的石油的前景也得到了广泛的关注。那么石油最终会被替代吗？

石油消费的中长期趋势展望

从全球视角看，综合国际能源署、欧佩克等代表性研究机构发布的研究报告，加速转型背景下的石油占全球一次能源消费的比重均将呈现下降趋势，从当前的33%下降到2040年的22%；而非化石能源则相应地从16%上升到47%。与世界能源转型相比，中国的能源转型既有大趋势相同的一面，也有不同之处。中国能源结构中煤炭消耗量最大，所以尽管拥有最快增速的可再生能源，仍不足以满足巨大的能源需求。相对于全球而言，中国的石油消费在未来仍然有较大的发展空间。

▌ 未来的石油依然十分重要

尽管以石油为代表的化石能源在能源系统的深度脱碳过程中面临着巨大挑战，但其在社会经济发展中的地位依然十分重要。在石油的未来用途方面，其作为能源的属性将被淡化，但作为原料的属性将更加凸显。化工用油的比重将显著提升，石油裂解生产的乙烯、丙烯、苯等原料是经济发展的重要物资。尽管车用燃油消费规模将大幅减少，但由于船舶和航空等用能难以电气化，其燃油消费趋势不降反增。近年来，快速发展的新能源汽车依然离不开石油制品，尽管纯电动汽车不需要使用燃油，但是变速箱、制动系统等部位依然需要消耗润滑油，新能源汽车行业将是润滑油市场的一片蓝海。可见，在最严格的碳中和情景下，尽管石油消费规模在下降，但石油依然是经济可持续发展的重要保障（图3.13）。

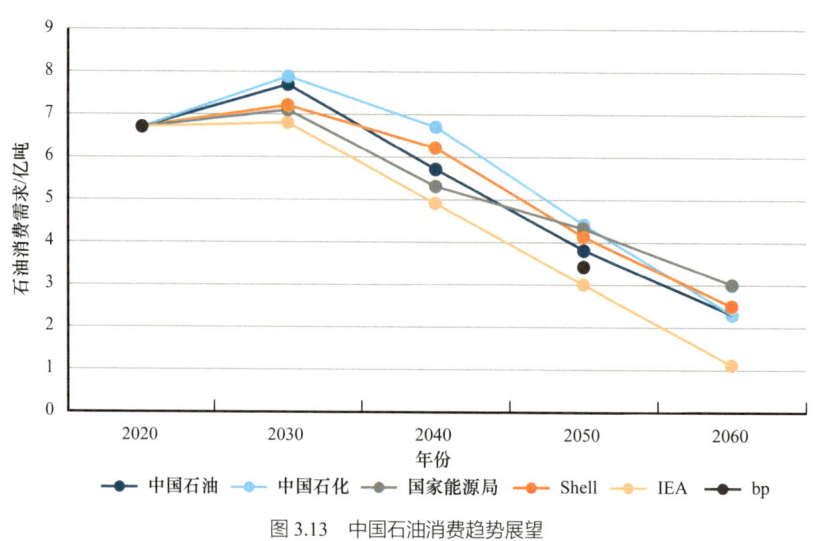

图3.13 中国石油消费趋势展望

◤ 石油依然拥有美好的未来

碳中和目标的提出给石油行业转型升级带来了挑战，但是石油在我国"清洁、低碳、安全、高效"的现代能源体系中的重要地位始终不可忽视。衡量石油是否具有美好的未来，不应该也不能简单地以"发展规模"大小来衡量，而应该注重石油的"内在价值"变化。在石油从能源属性向原料属性、从传统燃料向高品质燃料的转变过程中，其内在价值始终存在，只是价值属性特征和展示方式发生了改变。

石油行业的美好未来不是被动赋予的，而是需要未雨绸缪来主动迎接转型挑战，尤其要做好石油安全与碳中和、自身发展与新能源协同、转型变革与风险防范等方面的系统平衡工作。这样石油发展就能顺应时代潮流，在新的时期依然能够发挥应有的作用，保持形变但质不变的重要"内在价值"，拥有全新的美好未来！

四 政经交织的石油贸易与运输

世界石油消费国和产区的不一致性使国际石油贸易成为必然。世界范围内每年有数十亿吨的石油进出口量，使石油贸易成为当今世界最大宗的商品贸易。管道输送是陆上石油贸易运输的主要方式，而海洋船运则是跨国贸易运输的主要方式。面对供应的不确定性，贸易双方倾向于签订长期供应合同。与以往不同，现在的长期供应合同已经发生很大变化，大多数情况下只是一个框架，供应的时间、供应量、价格等都要由买卖双方定期协商。供应价格作为其中的关键条款，更多是与国际石油基准价格挂钩，随着原油现货市场价格的变化而变化。

4.1 石油如何成为"大宗商品之王"？

大宗商品，多指可进入流通领域，但非零售环节，具有商品属性，用于工农业生产与消费使用的大批量买卖的物质商品。在金融投资市场，大宗商品指被广泛作为工业基础原材料的商品，可以作为期货、期权等金融工具的标的资产。大宗商品类别丰富，能源化工类主要包括上游的煤炭、原油、天然气，以及中下游的橡胶、成品油、化纤、甲醇等。

在第二次工业革命之后，全球石油消费量快速攀升，在20世纪60年代取代煤炭成为全球最主要的化石能源，占一次能源的比例最高接近50%。但是，石油的供应和消费分布并不均匀，富油的中东地区消费少，贫油的欧洲地区消费多，为全球石油贸易创造了先天的成长条件。在消费攀升的带动下，全球石油贸易迅速发展，使石油成为全球交易额最大的大宗商品。1980年，全球燃料类商品贸易额为3626亿美元，全球原油贸易量与布伦特价格相乘获得的原油贸易估算额在2751亿美元左右，而此时全球钢铁贸易额仅在1058亿美元左右；2011年，全球燃料类商品贸易额达到创纪录的3.27万亿美元，原油贸易估算额也接近了2.3万亿美元，相比之下，钢铁的贸易额仅在4500亿美元左右；2020年，全球燃料类商品贸易额下降至1.57万亿美元，原油贸易估算额约为1.00万亿美元（图4.1）。高盛商品指数作为全球最为知名的大宗商品指数，在其跟踪的24种商品中，布伦特原油和西得克萨斯中质原油权重相加长期超过50%，二者地位可见一斑。

> **小贴士**
> 高盛商品指数（GSCI）是高盛公司1991年创立的跟踪全球大宗商品的商品指数。商品品种的选取主要考虑其流动性，以每种商品的全球产量水平为计算权重的依据。2007年2月，标准普尔公司购买该指数后被重新命名为标普高盛商品指数（S&P GSCI）。

金融市场的发展，也进一步巩固了石油"大宗商品之王"的地位。价格波动大是大宗商品的主要特征之一，所以从事大宗商品业务的参与者需要合适的工具降低大宗商品交易的风险。金融市场以大宗商品为标的资产的期货、期权等合约的推出，为价格风险管理提供了平台和工具，而后期以投机为目的的交易者的加入，更进一步推动了大宗商品市场和金融市场的协同发展。1983 年，纽约商品交易所推出了以西得克萨斯轻质低硫原油为标的的期货合约；1988 年，洲际交易所推出了以布伦特原油为标的的期货合约；之后，迪拜石油期货合约、上海原油期货合约等也上线交易。自石油期货推出以来，交易量一直快速增长，超过金属期货，成为全球交易量最大的大宗商品品种。除原油自身的交易品种之外，原油化工产业链还诞生了众多以原油为原料的其他大宗商品品种，如汽油、柴油、沥青、燃料油、石脑油、聚丙烯、聚氯乙烯等。

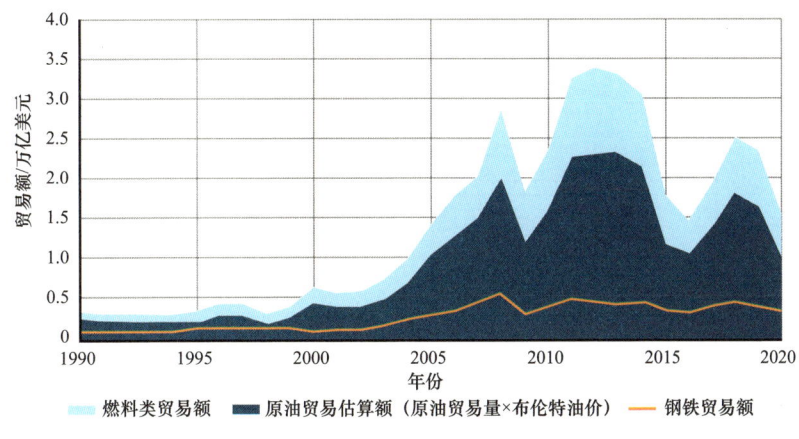

图 4.1　全球燃料类商品贸易额、钢铁贸易额与原油贸易估算额变化曲线

尽管全球石油交易的金额受油价的波动出现了较大的差异，但全球石油贸易量仍在上升阶段，目前全球石油贸易量已经占到了全球石油产量的七成以上。从中短期来看，全球对石油的需求量依然保持较高水平，而供应和消费分布的不均衡，决定了石油仍将享有"大宗商品之王"的桂冠。

4.2　石油贸易是如何流动的？

世界石油贸易日益全球化，石油贸易地域界限日益模糊，跨地区的石油流动日益增多，贸易量从 2000 年的 22 亿吨增

1980—2020 年全球主要原油进口国进口量变化视频

长到了 2021 年的 33 亿吨。全球石油产地与消费地的分离是国际石油贸易产生的根本原因。2021 年，中东地区生产了 31.2% 的原油，仅消费了 8.8% 的原油，产量高出消费量 10 亿吨左右，是最重要的出口来源；亚太地区供需缺口持续扩大，生产了 8.2% 的原油，却消费了高达 38.6% 的原油，是最大的进口地区。北美地区生产了 25.5% 的原油，消费了 22.6% 的原油，在 2019 年产量再次超过消费量，成为净出口方；欧洲地区也是重要的进口方，生产了 3.8% 的原油，消费了 15.0% 的原油，供需缺口在 5 亿吨左右（图 4.2）。

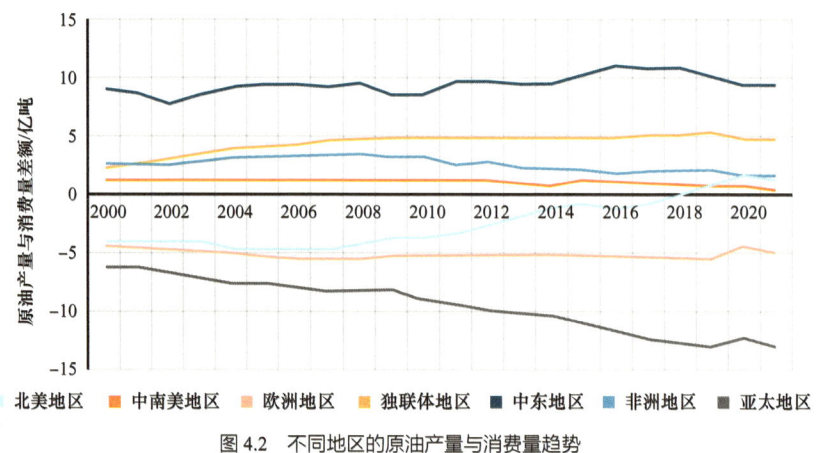

图 4.2　不同地区的原油产量与消费量趋势

中东地区是全球最大的原油出口地区，2021 年总计出口了 8.31 亿吨原油（图 4.3）。这些原油超过 80% 流向了以中国、印度、日本等为主的亚太地区，其中中国进口了 2.57 亿吨、印度进口了 1.30 亿吨、日本进口了 1.12 亿吨。沙特阿拉伯、伊拉克是该地区主要的原油出口国，分别出口了 3.23 亿吨和 1.76 亿吨。

亚太地区是全球最大的原油进口地区，2021 年总计进口了 11.66 亿吨原油。这些原油接近 60% 来自中东地区，进口量为 6.89 亿吨；非洲地区是第二大进口来源，进口量接近 1.28 亿吨；此外，从以俄罗斯为主的独联体国家进口了近 1.20 亿吨原油。中国是该地区最大的进口国，进口量达到了 5.57 亿吨，主要来源包括沙特阿拉伯、俄罗斯、伊拉克、阿拉伯联合酋长国、科威特、安哥拉等国家。印度进口量也超过了 2 亿吨，主要来源包括伊拉克、沙特阿拉伯等国家。

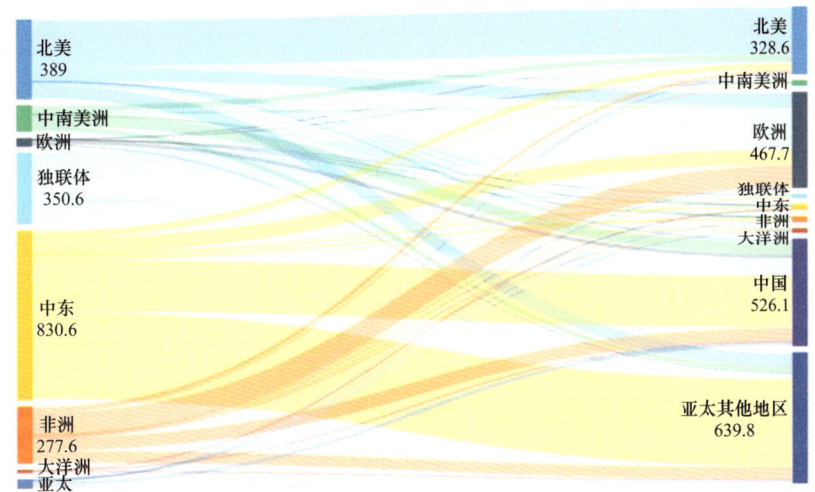

图 4.3　2021 年全球原油贸易流向（单位：百万吨）
数据来源：bp《世界能源统计年鉴（2022）》

北美地区原油出口量虽然累计接近 4 亿吨，但更多以加拿大、美国、墨西哥三个国家之间的贸易为主，尤其是加拿大。2021 年，加拿大出口 1.87 亿吨原油至美国，约占其总出口量的 95%。墨西哥原油进口量几乎降至 0，出口的 5290 万吨原油中也有近 55% 出口至美国。美国出口目的地相对丰富得多，如欧洲 5140 万吨、印度 2050 万吨等。

独联体国家也是重要的原油出口地区，尤其是俄罗斯。2021 年，独联体地区总出口量达到了 3.51 亿吨，其中有 2.64 亿吨来自俄罗斯。欧洲地区是最重要的出口目的地，出口量达到了 2.06 亿吨；其次是亚太地区，出口量为 1.12 亿吨。

油品贸易方面，亚太地区是全球最主要的油品贸易地区，2021 年总出口量 3.41 亿吨、总进口量 4.90 亿吨，分别占全球油品贸易总量的 28% 和 40%。亚太地区内部国家之间的贸易是该地区最主要的贸易来源，内部贸易量接近 2.25 亿吨。大洋洲、非洲是该地区重要的出口目的地，油品出口量分别为 2448 万吨和 2385 万吨；中东、北美是该地区重要的油品进口来源地，油品进口量分别为 1.29 亿吨和 6289 万吨。新加坡作为全球知名的炼油中心，油品进口 9182 万吨、出口 6893 万吨；中国油品进口 1.03 亿吨、出口 6060 万吨。

2021 年，美国油品出口量达到 2.44 亿吨，成为全球最大的油品出口国，出口地区包括中南美洲、亚太地区、美国、加拿大等。欧洲地区进口 1.97 亿吨，主要来自俄罗斯、美国、沙特阿拉伯等国家；出口 1.10 亿吨，主要目的地包括非洲、北美、亚太等。

4.3　全球石油运输的主要路线

全球石油运输路线主要取决于运输的方式，常见的有管道运输和海运运输。

管道运输

著名的国际性大型输油管道有以下几条。

（1）横跨阿拉伯半岛的输油管线。

该管线连接沙特阿拉伯东部油田的阿卜凯西至西部红海海滨新建的大油港——延布，全长 1202 千米，管径 1.2 米，1983 年建成投产，年输油能力 9250 万吨，1987 年已扩大输油能力为 1.1 亿吨，远景输油能力可达 1.85 亿吨。它的建成使经由苏伊士运河的油轮不必绕道阿拉伯半岛，航程可缩短 4800 千米。

（2）伊拉克—地中海输油管线。

从伊拉克的基尔库克到土耳其的杜尔托尔港，全长 1005 千米，管径 1.054 米，其中伊拉克境内 345 千米，土耳其境内 660 千米，1977 年初投入使用，年输油能力为 2500 万~3000 万吨。1985 年以后提高到每年 3800 万吨。

(3) 苏伊士湾—地中海输油管线。

从埃及苏伊士湾的埃因苏赫和苏伊士湾至埃及亚历山大湾，为一双线输油管道，管径1.05米，输油能力为8000万吨至1.2亿吨，1976年底开始使用。

(4) 的里雅斯特—莫戈耳施塔特输油管线。

从地中海的威尼斯湾经意大利、奥地利至德国的多瑙河畔莫戈耳施塔特，全长462千米，管径1.02米，最大输油能力可达5500万吨。

(5) 纵贯阿拉斯加输油管线。

起自美国阿拉斯加北部的普罗德霍油田，止于南部阿拉斯加湾的不冻港瓦尔迪兹，全长1285千米，管径1.22米，设计输油能力预计可达1亿吨。1977年6月投入使用，1978年底输油能力即达6000万吨，目前仍保持在这个水平。

(6) 横越巴拿马输油管线。

该输油管线位于巴拿马西部与哥斯达黎加边境地区。南起自阿木韦列斯港，北至奇马基湾，全长130千米，管径0.91米，年输油能力3000万~3500万吨，于1980年开建，1982年建成，1983年投入使用。该油管的使用弥补了巴拿马运河不能通过中型油轮的缺陷。

(7) 苏联—东欧友谊输油管。

该线自苏联地区的阿尔麦季耶夫斯克至匈牙利、捷克斯洛伐克、波兰、前民主德国，为一双线输油管道。一线长5500千米，管径1.02米，年输油能力5000万吨；另一线长4412千米，管径1.22米，年输油能力7000万吨，是苏联向东欧出口原油的供给线。

(8) 北海斯塔特菲奥德—挪威输油管线。

从挪威的北海海底油田斯塔特菲奥德到卑尔根西南的沙特拉，管径0.9米，海底管道铺设最深处330米，为北海埋管最深点的2倍，该输油管线工程已于1988年完成。

（9）苏联萨莫特洛尔—古比雪夫输油管线。

从苏联最大油田萨莫特洛尔到主要炼油中心古比雪夫的输油管线，全长2240千米，管径1.2米。

其他著名的管道包括中哈原油管道、中俄原油管道、中缅原油管道等。

海运运输

海运航线的分类方式包括三种。第一种是按船舶营运方式分类，包括定期航线和不定期航线。定期航线是指使用固定的船舶，按固定的船期和港口航行，并以相对固定的价格经营客货运输业务的航线；不定期航线是指临时根据货运的需要而选择的航线，其船舶、船期和挂靠港口均不固定，多经营大宗、低价货物运输业务。第二种是按海运航线分类，包括远洋航线、近洋航线和沿海航线。远洋航线指跨洋运输的航线，近洋航线是本国各港口至邻近国家港口间的海上运输航线的统称，沿海航线主要指本国沿海各港之间的海上运输航线。第三种是按航行范围分类，包括大西洋航线、太平洋航线、印度洋航线和环球航线。下面介绍几条重要的海上石油运输线。

（1）中东波斯湾至东南亚和东亚航线：西亚（途经霍尔木兹海峡）—阿拉伯海—印度洋（南亚科伦坡）—马六甲海峡/龙目海峡—东亚各国（中国、日本、韩国等）。马六甲海峡限制水深21米，20万吨级以下油船可走此线。若绕道印度尼西亚龙目海峡，其水深可达30.5米，可通航巨型油轮，年运货量4.5亿吨。

（2）中东波斯湾经好望角至西欧或美洲航线：西亚（途经霍尔木兹海峡）—阿拉伯海—印度洋—东非（达累斯萨拉姆）—莫桑比克海峡—好望角（开普敦）—大西洋—西欧/美洲东海岸。这一航线沿途水深对船型基本没有限制，超大型油轮和巨型油轮均可自由航行，年运货量1.7亿吨。

（3）拉丁美洲至北美、加勒比海航线：拉丁美洲产油国—北大西洋—北美东/西海岸—巴拿马运河—加勒比海。经过巴拿马运河的船舶吨位一般在6万载重吨以下，年运货量1.8亿吨。

（4）北非至西北欧航线：北非地中海地区—直布罗陀海峡—西北欧各国（比利时安特卫普、荷兰鹿特丹等）。直布罗陀海峡航道水深限制为21.3米，该航线上运行的油船一般不超过20万吨级，年运货量0.9亿吨。

（5）西北非至北美航线：经由大西洋到北美，年运货量0.9亿吨。

（6）西非至西欧航线：西非—英吉利海峡—西欧各国，年运货量0.4亿吨。

（7）中东波斯湾经苏伊士运河至西欧或北美航线：西亚（途经霍尔木兹海峡）—阿拉伯海—曼德海峡（亚丁）—红海—苏伊士运河—地中海（突尼斯、热那亚）—直布罗陀海峡—大西洋—西欧各国/北美东海岸。苏伊士运河满载吃水17.68米，最大船宽限制为49.91米。满载时限制最大吨位为15万载重吨，对于吨位超过15万载重吨的油船可走好望角航线，年运货量1亿吨。

> **小贴士**
>
> 全球海上运输的"咽喉"
>
> 随着国际石油贸易的蓬勃发展，各大运输通道发挥的作用和重要性都大大提高。作为这些航线的起点或是中继站的海峡与运河，由于其特殊的地理位置，更成为保障石油航运顺畅无阻的"咽喉"。美国能源信息署提出了海上运输的八大"咽喉"，分别为霍尔木兹海峡、马六甲海峡、苏伊士运河、曼德海峡、丹麦海峡、土耳其海峡、巴拿马运河和好望角。

4.4 石油贸易哪种运输方式最经济？

大多数油气田主要分布在旷野、荒漠、海洋等地区，而石油的消费市场却在人口稠密、经济发达的大中城市及周边地区，两者可能相距数百甚至数千千米。此外，全球原油分布的不均衡导致跨国、跨洲的石油贸易运输也成为常态。那么，这些石油是如何运往各地的呢？哪种运输方式最经济呢？

石油贸易运输方式可以分为陆上运输和海上运输，陆上运输又分为管道运输、河运、铁路运输及公路运输（图4.4）。受地理条件和成本的约束，不同的运输方式有各自的优缺点，适用的场景也有所不同（表4.1）。

(a) 铁路运输　　　　　　　　　　　　(b) 管道运输

图 4.4　铁路运输和管道运输是石油贸易的主要运输方式

表 4.1　各种原油运输方式的优缺点比较

运输方式	优点	缺点
海上运输	单次运量大，运费较低，适合跨国运输	运输时间长，对港口依赖性高
管道运输	成本低，运输量大，安全性高，受地形等自然因素影响小	前期建设成本高，灵活性差
河运	成本低，运输量大	灵活性差，需要合适的航道支持
铁路运输	速度较快，灵活性较高	成本较高，依赖于铁路等设施
公路运输	灵活性最高，对基础设施要求低	成本最高，运量小

管道运输是陆上运输的最主要方式。根据美国能源信息署数据，2020年美国陆上原油运输中管道占比高达89.3%，河运等占比3.5%，铁路运输占比7.2%；油品运输方面，管道占比76.9%，河运等占比11.3%，铁路运输占比11.7%。目前，全世界油气管道总长度超过200万千米，其中一半以上在美国和苏联地区。美国油气管道干线总长度超过70万千米，2/3为天然气管道，原油和成品油管道大体相同。

由于主要的石油进口国和主要的石油出口国之间远隔重洋，而且进口数量庞大，所以海上运输成为石油国际贸易的最主要方式。海上运输通过油轮进行，船舶吨位成为交易的基本单位。油轮按级别可以分为很多种，根据载重吨位对油轮进行分类，主要可以分为通用型油轮、中程油轮、大型油轮（远程1、阿芙拉型、远程2）、巨型油轮和超大型油轮（图 4.5）。目前，全球商业船舶中原油船舶大约4000艘，其中超大型油轮约700艘。

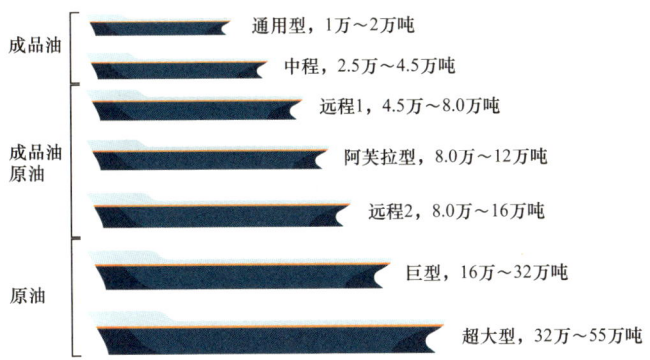

图 4.5 按载重吨位划分的油轮级别
数据来源：美国能源信息署

美国公共政策研究机构 STRATA 2017 年的测算显示，平均而言，通过管道输送原油的成本约为 5 美元 / 桶，而铁路为 10～15 美元 / 桶，卡车为 20 美元 / 桶。同样以 2017 年数据为例，美国巴肯地区到美国墨西哥湾的管道运费大约 9 美元 / 桶，库欣到休斯敦的管道运费为 2～4 美元 / 桶，巴肯到美国东海岸的铁路运费为 10～11 美元 / 桶、美国东海岸到墨西哥湾的海运运费大约 4 美元 / 桶。此外，不同品种的原油，对运输费用也有影响，同样从加拿大哈德斯蒂到美国墨西哥湾，轻油运费为 8.1～14.70 美元 / 桶，重油运费为 8.80～16.45 美元 / 桶。但相比之下，距离仍然起决定作用，如加拿大哈德斯蒂到美国芝加哥的重油运费为 4.75 美元 / 桶，到美国库欣的重油运费提高至 6.75～11.00 美元 / 桶。

> **小贴士**
>
> **油轮的运费计算**
> 国际上油船普遍以世界油船运费表（Worldwide Tanker Norminal Freight Scale，简称 WS）为参考，该费率表由伦敦国际油船费率表协会、纽约油船经纪人和代理人协会于 1989 年共同颁布。在运费计算的时候，以世界油船运费表标准油船费率为基础，以指数形式表示商定的百分比作为商定的运费率，从而得到实际的运费率。

海上运费相对陆上运费经济得多。欧佩克数据显示，对于海上主要航线，2017 年至 2021 年平均运费在 1～2 美元 / 桶（表 4.2）。

表 4.2　不同航线原油现货运费表

单位：美元/桶

年份 航线	2017	2018	2019	2020	2021
中东—远东	1.12	1.28	1.77	1.92	0.94
中东—西北欧	0.65	0.64	1.06	1.58	0.76
西非—远东	1.84	2.03	2.80	3.03	1.56
西非—美国墨西哥湾	1.41	1.58	2.10	2.03	1.35
西北欧—美国墨西哥湾	1.26	1.34	1.71	1.60	1.08
印度尼西亚—远东	1.31	1.50	1.92	1.80	1.46
加勒比—美国东海岸	1.06	1.32	1.53	1.57	1.31
地中海—地中海	0.78	0.93	1.08	0.89	0.85
地中海—西北欧	1.17	1.43	1.69	1.42	1.31
平均	1.18	1.34	1.74	1.76	1.18

数据来源：OPEC Annual Statistical Bulletin 2022

4.5　石油现货贸易为什么签订长期供应合同？

2013 年 6 月，中国与俄罗斯签订了长期原油供应协议，俄罗斯拟于 25 年内向中国供应石油约 3.65 亿吨。为什么石油贸易双方多愿意签订长期供应合同呢？事实上，当前签订的长期供应合同已经发生了本质性的变化。

国际原油市场主要的贸易类型可以分为实货贸易和纸货贸易。实货贸易包括长期供应合同、现货贸易、准现货贸易；纸货贸易又可以分为在期货交易所内买卖期

> **小贴士**
>
> **准现货贸易**
>
> 准现货贸易形式多种多样，主要有：（1）易货贸易，用石油换取专门规定的货物或服务；（2）回购贸易，即卖方必须将销售石油所得收入的一部分用来购买进口其石油国家的货物；（3）以油抵债，由于一些石油出口国收入拮据，拿不出钱来，因此提出愿意用石油清偿部分债务；（4）以油换油，通常是指用原油换取本国所需的成品油等。

货和期权等的场内交易,以及远期交易、掉期交易等为主的场外交易。

油气勘探开发和储运设施建设周期长,投资额大,为了规避买卖双方的投资风险,在资源和市场可期的情况下,双方有意签订长期合同。对于买方,签订长期供应合同更多是为了保证供应,以防止在特定情形下买不到原油。而对于卖方,签订长期供应合同,确保产出的油能够有买家,对油田正常稳定生产也有重要的意义。

在1973年第一次石油危机以前,现货贸易在石油贸易中的占比不到5%,只是作为国际石油公司调剂剩余油品的市场;长期供应合同作为最主要的贸易方式,表现为时间、价格长期不变的合同。在石油危机爆发后,随着产油国和石油消费国之间的石油价格定价权之争,石油市场价格出现了大起大落,买卖双方都不愿意再签订固定价格的长期合同,买方更愿意到现货市场寻求供应,长期供应合同贸易量大幅度下降,出现了短期合同和现货合同,形成了期货现货交易场所。

现在,长期供应合同在大多数情况下只是一个框架,供应时间、供应量、价格等都要由买卖双方定期协商。现货市场价格与长期合同挂钩的做法,成为世界石油市场广泛采用的合同形式,即石油长期供应合同的价格,随着原油现货市场价格的变化而变化。

4.6 石油贸易是如何定价的?

现阶段国际石油贸易中关于石油价格的制定一般采用原油长期合同定价法制定,而在原油长期合同定价法中又经常采用公式计算法定价。

公式定价法基本公式为

$$P=A+D \tag{4.1}$$

其中,P 为原油结算价格,美元;A 为参照基准价,美元;D 为升(贴)

水，美元。

石油基准价格是与约定计价期内现货价格、期货价格或者某价格评价机构的价格指数相联系而计算出来的价格。随着石油金融市场迅速发展，国际原油价格主要用期货价格作为石油基准价格。

不同地区原油定价基准

基准油价有美国西得克萨斯中间基原油（WTI）、布伦特原油（Brent）、迪拜原油（Dubai），以及阿曼原油（Oman）、塔皮斯轻质原油（Tapis）和米纳斯原油（Minas）这三大有代表性的区域性基准油价。通常，北美地区使用 WTI 价格，不过中东国家出口至美国的原油定价基准在 2010 年由 WTI 修改为了阿格斯含硫原油指数；欧洲地区多使用基于布伦特原油的价格体系，包括普氏即期布伦特和洲际交易所的布伦特原油加权平均价格；亚洲地区多使用基于迪拜原油、阿曼原油的价格指数，通常由普氏进行报价。

基准油价的选择是合同双方协商的结果，不同的原油品种之间由于原油品质、不同地区之间的运费、相对供需关系、炼油厂装置、消费习惯的不同而保持一定的差价。在市场相对平稳的情况下，各种油种之间的差价保持相对稳定，根据基准油的价格可以确定其他油种的价格，这为国际原油贸易中采用公式法计算奠定了市场基础。

不同出口国出口原油到不同地区时一般采用不同的石油基准价格。例如，沙特阿拉伯出口至亚洲的原油通常采用迪拜商品交易所的阿曼油价和普氏迪拜原油报价，出口至欧洲的原油采用洲际交易所的布伦特原油加权平均价格，出口至美国的原油采用阿格斯含硫原油价格指数（表 4.3）。

表 4.3 沙特阿拉伯向不同地区出口原油的定价基准

目的地	原油品种		定价基准	
亚洲	Arab Super Light	阿拉伯特轻油	DME Oman, Platts Dubai	DME 阿曼，普氏迪拜
亚洲	Arab Extra Light	阿拉伯超轻油	DME Oman, Platts Dubai	DME 阿曼，普氏迪拜
亚洲	Arab Light	阿拉伯轻质油	DME Oman, Platts Dubai	DME 阿曼，普氏迪拜

续表

目的地	原油品种		定价基准	
亚洲	Arab Medium	阿拉伯中质油	DME Oman, Platts Dubai	DME 阿曼，普氏迪拜
亚洲	Arab Heavy	阿拉伯重质油	DME Oman, Platts Dubai	DME 阿曼，普氏迪拜
西北欧	Arab Extra Light	阿拉伯超轻油	ICE BWAVE	ICE 布伦特原油加权平均价格
西北欧	Arab Light	阿拉伯轻质油	ICE BWAVE	ICE 布伦特原油加权平均价格
西北欧	Arab Medium	阿拉伯中质油	ICE BWAVE	ICE 布伦特原油加权平均价格
西北欧	Arab Heavy	阿拉伯重质油	ICE BWAVE	ICE 布伦特原油加权平均价格
欧—地中海	Arab Extra Light	阿拉伯超轻油	ICE BWAVE	ICE 布伦特原油加权平均价格
欧洲—地中海	Arab Light	阿拉伯轻质油	ICE BWAVE	ICE 布伦特原油加权平均价格
欧洲—地中海	Arab Medium	阿拉伯中质油	ICE BWAVE	ICE 布伦特原油加权平均价格
欧洲—地中海	Arab Heavy	阿拉伯重质油	ICE BWAVE	ICE 布伦特原油加权平均价格
美国	Arab Extra Light	阿拉伯超轻油	ASCI	阿格斯含硫原油价格指数
美国	Arab Light	阿拉伯轻质油	ASCI	阿格斯含硫原油价格指数
美国	Arab Medium	阿拉伯中质油	ASCI	阿格斯含硫原油价格指数
美国	Arab Heavy	阿拉伯重质油	ASCI	阿格斯含硫原油价格指数

数据来源：标普全球普氏能源资讯

注：DME 指迪拜商品交易所，ICE 指洲际交易所。

不同品种原油升（贴）水

升（贴）水取决于该油种与基准油的品质差别、加工收益、市场流动性，与基准油和替代油的相对供需关系及交易计价期。交易计价期一般以提单日为基础，它的选择与油品种类及运输距离相关。从欧佩克不同原油品种出口不同地区的升（贴）水来看，不同品种之间的升（贴）水差异很明显，即使同一品种，在不同年份之间升（贴）水也有较大差异（表 4.4）。

例如，伊拉克巴士拉轻质油出口欧洲采用的基准价为普氏即期布伦特，2021 年贴水 2.51 美元 / 桶，意味着出口价格为即期布伦特 −2.51 美元 / 桶；同期，出口同一地区的撒哈拉混合油升水 0.08 美元 / 桶，意味着出口价格为即期布伦特 +0.08 美元 / 桶。

表 4.4　欧佩克不同原油品种出口不同地区的升（贴）水

目的地和来源国	原油类型	年份 2017	2018	2019	2020	2021
目的地：欧洲						
阿尔及利亚	撒哈拉混合油	-0.05	0.23	0.31	0.43	0.08
伊朗	伊朗重质油	-5.13	-6.27	-6.80	-5.78	-4.38
伊拉克	巴士拉轻质油	-3.41	-4.18	-3.03	-2.65	-2.51
利比亚	埃斯德油	-1.35	-1.43	-0.38	-1.71	-1.65
尼日利亚	邦尼轻质油	0.39	0.89	1.44	-0.16	-0.17
沙特阿拉伯	阿拉伯轻质油	-3.20	-2.47	-1.29	-3.21	-1.70
目的地：亚洲						
伊朗	伊朗重质油	-1.11	-0.73	-0.14	-1.19	0.58
伊拉克	巴士拉轻质油	-0.64	0.02	1.26	-0.16	1.32
科威特	科威特出口油	-1.32	-0.46	0.91	-1.10	1.24
沙特阿拉伯	阿拉伯轻质油	-0.08	1.56	1.85	-0.43	1.71
目的地：美国						
伊拉克	巴士拉轻质油	-0.08	-0.37	1.33	0.56	-0.17
沙特阿拉伯	阿拉伯轻质油	0.75	0.98	3.00	1.17	1.08
	阿拉伯中质油	-0.53	-0.57	1.35	0.07	0.38
	阿拉伯重质油	-1.86	-1.74	0.52	-0.44	-0.04

数据来源：OPEC Annual Statistical Bulletin 2022

注：正值代表升水，负值代表贴水。

4.7　我们进口的石油买贵了吗？

　　观察现货价格可以发现，2013 年即期布伦特平均价格为 108.66 美元 / 桶，2020 年平均价格跌至 41.67 美元 / 桶；2013 年阿曼原油平均价格 105.52 美元 / 桶，2020 年跌至 42.20 美元 / 桶。那么我们在 2013 年与俄罗斯签订的合计 3.65 亿吨的原油大单合同，是否存在巨大的损失呢？我国进口的原油买贵了吗？

事实上，这个问题困扰了很多人。长期供应合同的核心之一是原油定价公式。俄罗斯向中国出口原油的价格为纳霍德卡油价减去斯科沃罗季诺到纳霍德卡的运费，价格公式是 $P=N-T$，具体的运费 T 由双方谈判最终确定。也就是说，中国进口俄罗斯原油的基准价是随国际油价波动的纳霍德卡油价，而不是一成不变的价格。

■ 中国原油进口单价与国际油价比较

为进一步对比我国原油进口的价格，我们用每年原油进口的金额除以原油进口的数量，得到了一个大致的原油进口均价。对于国际油价，我们选取了即期布伦特、迪拜原油两种常用的国际基准价格，通过平均获得了一个国际原油均价。从结果来看，我国原油进口价格与国际原油价格变动方向一致，有些年份进口平均价格高于国际原油均价，有些年份低于国际原油均价。2014 年和 2015 年，我国原油进口平均价格比国际平均价格高了超过 3 美元 / 桶，2016 年又低了接近 1 美元 / 桶，2018 年到 2020 年高于国际平均价格，在 2021 年又低于国际平均价格接近 1.6 美元 / 桶（图 4.6）。总的来看，中国原油进口单价总体与国际平均油价相差不大。

图 4.6　我国原油进口价与国际原油均价的比较

数据来源：S&P Platts；国家统计局

注：（1）为了方便价格之间进行比较，中国原油进口价格由进口金额除以进口量进行粗略计算得出；
（2）国际原油均价为同时期即期布伦特、迪拜两种原油的平均价

再来看我国进口俄罗斯原油均价与国际原油均价的关系，可以看到，进口俄罗斯原油价格与国际原油价格同向变动，二者呈高度相关。2015年前，进口俄罗斯原油均价高于国际原油均价 4 美元/桶左右，2016年至2020年为高于国际原油均价 1~2 美元/桶，2021年则低于国际原油均价 1 美元/桶左右（图4.7）。所以说，我国进口俄罗斯原油的大单合同，并不存在巨额损失情况，相反，为保障我国能源安全作出了重要贡献。

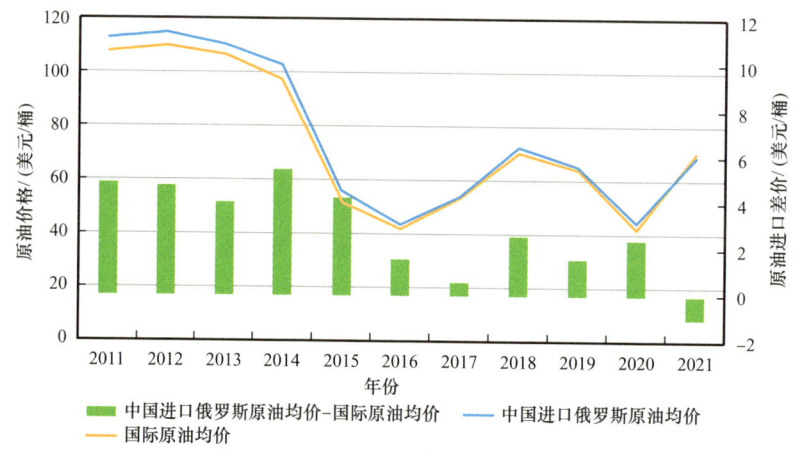

图 4.7　我国进口俄罗斯原油均价与国际原油均价的比较

数据来源：S&P Platts；国家统计局

注：（1）为了方便价格之间进行比较，中国进口俄罗斯原油均价由进口金额除以进口量进行粗略计算得出；
　　（2）国际原油均价为同时期即期布伦特、迪拜两种原油的平均价

▍ 如何提高中国原油贸易能力

长期以来，我国石油进口只能被动接受以美国和欧洲为主导的石油供需形成的价格，而力求打破这一僵局的上海原油期货价格，距离真正发挥作用仍路途遥远。提高中国原油贸易能力，是破解原油进口价格风险的现实可行的路径。《中国与全球油气资源重点区域合作研究》总结了提高中国原油贸易能力的六个策略，包括营造有利的国内外合作环境、进口区域的多元化、油气贸易品种多元化、油气贸易方式的多样化、油气贸易通道多样化、拓展西北陆上能源新通道等。例如，油气贸易方式多样化方面，就是要综合使用长期工业合同、现货贸易、期货交易、贷款换石油等多种方式。

4.8 为什么低油价下我们没有多买石油？

国际油价起起伏伏，有的时候超过 100 美元 / 桶，有的时候大幅下跌至跌破 20 美元 / 桶。2012 年，我国进口原油在 2.7 亿吨左右，花费的成本超过 2200 亿美元；2020 年，我国进口原油超过了 5.4 亿吨，是 2012 年的两倍，但花费的成本却仅有 1785 亿美元，大幅低于 2012 年的成本（图 4.8）。可见，低油价下的原油进口能够节约大量的资金。既然石油价格存在低油价的周期，那可不可以在低油价下多买一些石油，在高油价的时候使用呢？

图 4.8 中国原油进口量、金额与即期布伦特油价

作为一个石油进口大国，当然低价是最理想的买入环境；但对一个石油出口大国来说，低油价下石油的供应却不可持续。事实上，这个问题涉及石油生产、贸易、运输、储存等多个环节。

原油从勘探发现到最终投产需要较长的时间周期，平均来看，常规油田可能需要 7 年左右。这决定了石油的生产能力在短期是存在增长上限的，也就是说，即使我们想多买，市场上供应能力也是有限的。例如，石油市场著名的供应指标——欧佩克剩余生产能力，正常情况下仅为 200 万桶 / 天左右。当剩余生产能力达到低水平时，油价上升的概率就会不断加大。在 2003 年至 2008 年，欧佩克的剩余产能水平较低，无法应对快速上涨的需求，最终导致油价不断上涨（图 4.9）。另外，对生产商来讲，维持持续的供应能力，需要不断进行投入，一方面维持现有的产能，另一方面利用投资增加新的生产能力。在低油价下，生产商亏损会导致一些高成本的产量逐渐停止供应，市场的调节将促使油价逐渐升高。

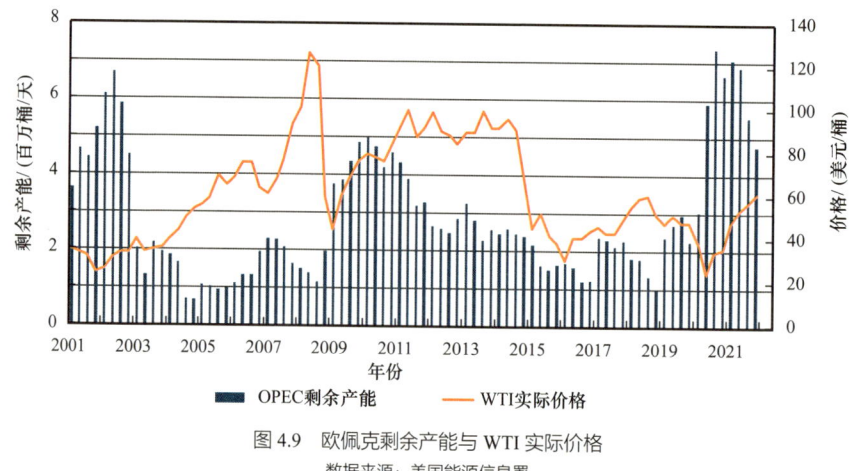

图 4.9 欧佩克剩余产能与 WTI 实际价格
数据来源：美国能源信息署

从贸易上看，原油的贸易双方倾向于签订长期供应合同，尽管供应价格是随着市场波动的，但供应量通常都是每年固定的。所以，在低油价下，并不能大幅增加原油进口量，同样，在高油价下，也不能大幅降低原油进口量。尽管现货市场上可以在低油价下买入石油，然而，低油价下又会有多少石油投入到现货市场上呢？

在跨国原油贸易中，购买原油运回国内，需要使用油轮。这决定了原油的运输受油轮数量和运力的限制。2020 年，全球有约 2200 艘油轮，其中 VLCC 数量在 810 艘左右，全球油轮的载重吨在 5.68 亿吨左右。大部分油轮通过租赁协议租给了原油贸易商、炼油商等，只有少数的油轮存在弹性。在运力紧张的情况下，会使运输费用大幅增加，进而提高原油的进口成本。

最后一个环节，即使我们在低油价下买到了原油，并且成功运回到了国内，还要面临一个问题，即原油的储存。原油的储存方式主要有散装储存和整装储存，整装储存是指以标准桶的形式储存，散装储存是指以储油罐的形式储存，不论哪一种方式，总的储存能力是有限的。例如，截至2020年，我国共建成了9个国家级石油储备基地，总储备库容为3773万立方米，理论储量在6300万吨左右；商业库存方面，据新华社数据，商业原油库存一直保持在3000万吨左右，侧面反映出商业原油储存能力也是有限的。此外，长时间储存原油，也需要一定的投入。

所以，我们看到，尽管在低油价下，现货市场上有买入原油进行储存备用的行为，但总的生产条件、贸易约束、运输和储存限制等，都不支持在低油价下大量地买入原油。原油的买入，要综合考虑原油价格、运输费用、储存费用，原油价格低，并不意味着最终的使用成本低。

五　扑朔迷离的石油市场与价格

石油价格作为市场预期的直观映射和交易行为的最终结果，牵动着全球各国政府、企业、金融机构和个人投资者的神经。经过长期演变，国际石油市场的可交易原油品种超过100种，交易涉及的石油价格多达数百种，其中最具影响力的基准原油是美国西得克萨斯轻质低硫原油、北大西洋北海布伦特原油和迪拜原油。基准原油价格的影响力本质是背后现货市场或期货市场的影响力。位于欧洲的鹿特丹、美国的纽约和墨西哥湾、中东的波斯湾、亚太的新加坡，因其强大的炼油能力、库存能力和吞吐能力成为国际石油市场长盛不衰的五大现货市场。纽约、伦敦、迪拜、上海因其高度金融化的市场环境和活跃的期货交易，成为世界上四个最大的石油期货市场。面对充满不确定性的价格，越来越多的公司开始利用期货等衍生工具开展套期保值。

5.1 媒体报道的国际油价到底是什么？

国际上常见的原油品种有上千种，相应的油价多达数百种（图 5.1），但通常见诸报端的国际油价，往往是最有影响力的油价，多数是期货价格，也被称为基准油价。基准油价通常指一种特定的、具有广泛而活跃的交易的标的原油价格，其他原油可以采用差价与其进行比较定价。世界上最具影响力的基准油价有五种，分别是 WTI 价格、Brent 价格、Dubai 价格、OPEC 一揽子价格和区域性基准价格。

图 5.1　多种多样的国际油价

WTI 价格：WTI 是美国西得克萨斯中间基（West Texas Intermediate）原油的简称，其重度为 35~50API 度，属于超轻质原油，硫含量仅为 0.2%，是轻质低硫原油的代表性油种。WTI 价格是以该原油品种为标的物的美国纽约商品交易所挂牌交易期货价格，是美国进口石油和北美区域性原油贸易的主要定价基准，曾是全球最具影响力的原油定价基准。

Brent 价格：Brent 原油原本是欧洲北海的一个油种，重度为 38API 度，硫含量为 0.38%，从质量上看介于 WTI 原油和迪拜原油/阿曼原油之间，是适用性最广的基准油价。媒体报道的 Brent 价格是洲际交易所挂牌上市的原油期货价格，是目前全球最具影响力的定价基准。

Dubai 价格：Dubai 原油是中东地区生产的原油，重度为 31API 度，硫含量约为 2%。Dubai 原油价格是由国际原油报价机构普氏发布的现货交易价格，目前是中国等东亚国家进口原油的主要参考基准。

OPEC 一揽子价格：作为全球市场最具影响力的产油国联盟组织，欧佩克发布的 OPEC 一揽子油价是根据多种市场监督原油每日报价计算出来的一个加权平均值，包括了成员国的 12 种代表性原油。OPEC 一揽子油价覆盖了超过 3000 万桶/日的原油产量，占全球石油供应总量的近三分之一。

区域性基准价格：世界各地还有各具特色的区域性基准价格，如美国的玛尔斯原油和路易斯安那轻质原油、加拿大的西加拿大精选原油、俄罗斯的乌拉尔混合原油、中国的胜利原油等。值得一提的是，上海原油期货自 2018 年上市以来，活跃度持续增强，价格发现功能逐渐体现，包含七种可交割油种的 INE 原油期货价格也加入了亚洲原油定价基准角逐之中。

5.2 世界上主要的原油交易市场有哪些？

全球主要的石油现货市场有五个，分别是西北欧市场、地中海市场、加勒比海市场、新加坡市场和美国市场。西北欧市场以阿姆斯特丹、鹿特丹和安特卫普（Amsterdam-Rotterdam-Antwerp，简称 ARA）为核心节点，主要为德国、法国等欧洲发达国家供应来自独联体国家和北海的原油，以及 ARA 地区独立炼油厂的油品。地中海市场是欧洲另一个主要的现货市场，主要供应本地炼油商的油品和来自阿拉伯海湾的石油。加勒比海市场主要为美国供应来自委内瑞拉、墨西哥等加勒比地区产油国的石油现货，市场规模较小，其原油和油品（特别是柴油和燃料油）资源也会流入欧洲市场寻求套利机会。新加坡市场主要为南亚和东南亚地区供应来自阿拉伯海湾和当地炼油厂所生产的油品现货。美国市场因其庞大的石油产量与消费量，而在毗邻墨西哥湾的休斯敦、大西洋的波特兰港和纽约港形成了大型的石油现货市场。

发达的石油期货市场一般位于高度金融化的国际大都市，例如纽约、伦敦、迪拜、上海。

> **小贴士**
> 手代表期货合约最小成交单位，1手代表1张 WTI 原油期货合约，包含 1000 桶 WTI 原油。

纽约商品交易所地处纽约曼哈顿金融中心，成立于 1827 年，于 2008 年被芝加哥商品交易所集团（Chicago Mercantile Exchange Group，简称 CME Group）收购，现为 CME Group 的子公司。1978 年和 1982 年，该交易所分别成功推出了取暖油期货合约和 WTI 原油期货合约，目前交易的石油品种主要有轻质低硫原油、取暖油等。2020 年，NYMEX 的 WTI 原油期货交易量达到 2.7 亿手，交易规模达 2742 亿桶。

洲际交易所总部位于美国佐治亚州亚特兰大，2001 年通过收购伦敦国际石油交易所（International Petroleum Exchange，简称 IPE）进入石油期货领域。IPE 成立于 1980 年，在 1981 年和 1988 年，IPE 分别推出了重柴油期货和 Brent 原油期货合约。2020 年，ICE Brent 原油期货交易量达到 2.3 亿手，交易规模达 2319 亿桶。

迪拜商品交易所是中东首个国际能源期货及商品交易所，地处迪拜国际金融中心，成立于 2007 年 6 月。作为迪拜控股、阿曼投资局和芝加哥商品交易所的合资企业，DME 的交易品种主要是阿曼原油期货合约及两个非实物交割的期货合约：Brent-阿曼价差合约及 WTI-阿曼价差合约。

上海国际能源交易中心（INE）于 2013 年在中国（上海）自由贸易试验区注册成立，2018 年成功推出原油期货，2021 年推出原油期权。INE 坚持交易、交割和结算环节国际化，采用人民币进行计价和结算，依托保税油库，进行实物交割。与 WTI、Brent 和 Dubai 原油期货不同，INE 原油期货的标的是重度为 32API 度、含硫量 1.5% 的中质含硫原油。2021 年，INE 中质含硫原油期货交易量达到 4264.5 万手，交易规模达 426 亿桶，在交易规模上已经成为全球第三大原油期货合约。

5.3 石油现货价格是如何产生的？

现货价格是现货交易的报价。作为一种传统的货物买卖方式，现货交易的买卖双方可以在任何时间和地点，通过签订货物买卖合同达成交易，即时钱货两清。1973年之前，大多数公司都把现货交易作为产品生产过剩和供应短缺时的调剂手段，交易量很小。1973年石油危机后，中东和其他地区主要产油国政府逐渐把石油资产收归国有，国际石油公司只能从资源国政府手中购买石油，现货市场这才逐渐演变为反映原油的生产、炼制成本、利润的边际市场，现货价格也逐渐成为石油公司和石油消费国政府制定石油政策的重要依据。

由于石油从井口产出到终端消费需要数月的时间，例如欧洲炼油厂在采购中东海湾地区原油以后，从原油装船、运输、卸货、加工到最终交付给消费者，一般耗时60~90天，因此即期交货的原油现货交易并不经常发生，在这种情况下，实物交易变得更接近于"远期"交易（图5.2）。

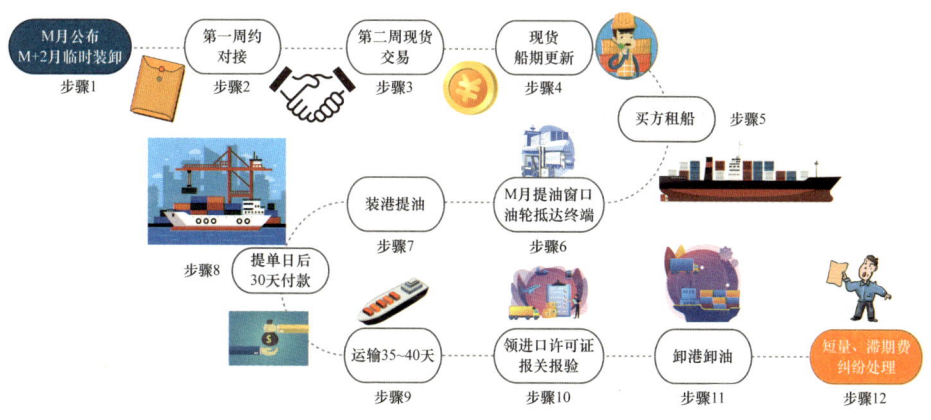

图 5.2 原油现货采购流程示意图

那么石油现货价格是如何产生的呢？以最典型的现货价格——即期Brent原油价格为例，其反映的是当日成交，但10至21天后才交货的交货报价。比如，5月25日的即期Brent原油价格反映的是6月4日至6月15

日这段时间（11天）的交货价。这种跨期交易意味着购买和交付期间，价格可能出现剧烈波动。现货交易双方一般会协商确定所参照的基准原油价格和升（贴）水，以共同分担价格波动风险。

大多数的原油现货交易都是非公开的，由产油商、贸易商和炼油厂们在非公开交易市场中达成交易，我们看到的现货价格一般是由价格评估机构在交易结束后通过特定渠道发布的。其中，普氏（Platts）和阿格斯（Argus）是最知名的现货报价机构。此外，路透（Reuters）、彭博（Bloomberg）等综合性资讯机构也会发布石油价格和石油信息。

> **小贴士**
> 远期是一种金融衍生工具，远期合约双方承诺在将来某一天以特定价格买进或卖出一定数量的标的物（如农产品、贵金属、股票指数、债券指数、外汇等产品）。

以普氏资讯欧洲原油现货评估及报价流程为例，普氏欧洲原油的价格评估在每一个工作日的新加坡时间下午四点至凌晨四点半之间进行，这个时间也被称为普氏时间窗口。买家和卖家均通过在线通信软件与普氏价格编辑交流，信息输送至交易平台 Ewindow。在窗口期内，买卖双方可以报价、询价和达成交易，普氏评估最后在窗口时间结束时交易形成的价格，以此形成对外公布的原油现货价格。

5.4 石油期货价格是如何发挥作用的？

20世纪70年代初发生的石油危机，给世界石油市场带来了巨大冲击，石油价格剧烈波动，催生了可进行有限转让、具备一定避险功能的中远期现货交易合约。70年代后期，石油贸易量不断扩大，中远期现货交易无法完全解决价格风险问题（图5.3），石油期货交易应运而生。

期货交易具有石油现货和远期无可替代的优势。与现货不同，石油期货的交割期放在未来，原油品级、合约规模、交割方式、交割地点等都依据交

图 5.3 现货和远期交易中经常遇到的问题

易所推出的标准化合约所规定。交易双方在期货交易所限定的交易时段内公开竞价，针对未来特定月份的原油标准化合约达成交易。石油期货具有双向交易、操作灵活与金融杠杆的特性，投资者可以建仓买入或卖出原油期货，只需要依照交易所规定在交易账户中预留一定比例的保证金，就可以撬动金额数十倍的交易。

期货交易的便利使期货具备了价格发现功能，期货价格就很容易发展成为石油贸易定价的基准。最早出现的石油期货是 1978 年 11 月美国纽约商品交易所推出的 2 号取暖油、6 号重质燃料油合约，交割地选在美国纽约港。但过去 30 多年来，全球影响力最大的期货合约是 1983 年纽约商品交易所推出的 WTI 期货合约和 1988 年伦敦国际石油交易所上市的 Brent 原油期货合约（表 5.1 和表 5.2）。北美地区绝大多数的原油进出口及现货价格都是基于 WTI 期货加减升（贴）水来计算的，西欧及非洲地区的原油贸易定价主要参照 ICE Brent 期货价格，一些短期交易定价也会考虑 Brent 原油远期合约价格或者掉期价格。

表 5.1 纽交所 WTI 原油期货合约

合约项目	合约内容
交易单位	1000 桶 / 手
报价单位	美元 / 桶或美分 / 桶
最小变动价位	0.01 美元 / 桶
交割方式	现货交割
交割方法 / 类型	FOB 管道交割
每日结算价	纽约时间 14：28：00 至 14：30：00 的成交量的加权平均价格
最后交易日	交割月前一个月的第二十五个日历日前的第三个交易日
交割日期	交割月第一个日历日至交割月最后一个日历日
每日价格最大波动限制	上一交易日结算价 ±5 美元 / 桶，达到后暂停交易 2 分钟
最低交易保证金	近月合约初始保证金：2700 美元 / 手，最低保证金：2300 美元 / 手；远月合约逐额递减
合约月份	未来 9 年的合约：交易当年及其后 5 年的连续月份合约，以及 6 年后的 6 月和 12 月合约

表 5.2 洲际交易所 Brent 原油期货合约

合约项目	合约内容
最小变动价位	0.01 美元 / 桶
交割方式	现金结算
交割方法 / 类型	期货转现货
每日结算价	伦敦时间 19：28：00 起 2 分钟的成交加权平均价格
最后交易日	交割月前第二个月的最后一个工作日
交割日期	一般以 EFP 形式在到期前现金交割
每日价格最大波动限制	无
最低交易保证金	2700~3700 美元 / 手
合约月份	96 个连续月份
交易时间	纽约：20：00 至次日 18：00；伦敦：1：00 至 22：00；新加坡：8：00 至次日 6：00

5.5 石油价格影响因素有何特殊性？

和其他商品一样，供应和需求的变化是决定石油价格走势的根本力量。当供给过剩且需求不足时，油价下跌；当供给不足且需求过旺时，油价上涨。但除了作为生产生活物资外，石油还是一种重要的战略资源，常常与国家安全联系在一起，它的价格有时并不完全遵循市场规则，具有很强的政治属性。除此之外，随着石油期货市场的建立和不断完善，金融因素也对油价走势和波动产生了不可忽视的影响（图 5.4）。

图 5.4 影响油价的主要因素可以分为商品、政治、金融属性三大范畴

> **小贴士**
>
> 多头和空头是交易术语，多头认为未来期货价格上涨，所以买入期货；空头认为未来期货价格下跌，所以卖出期货。

影响油价的政治因素有两类，一是石油资源国政府通过颁布相关政策法规，对石油产业施加管制；二是部分产油国的地缘政治隐患，例如战争、宗教争端、恐怖主义活动等。在第四次中东战争期间，欧佩克成员国联合起来以石油为武器，采取石油禁运、减产、抬价等措施制裁西方国家，导致每桶油价在1973年10月从3美元一路飙升到了13美元的高位。伊朗革命和两伊战争期间，两大产油国生产彻底停止，油价在1979年开始暴涨，从每桶13美元猛增至1980年底的41美元。1990年伊拉克入侵科威特，次年多国部队对伊拉克发动海湾战争，WTI原油从每桶15美元飙升至30美元。2003年伊拉克战争爆发，原油价格由每桶25.81美元上涨至2003年8月的每桶30.25美元，涨幅达到34%。2011年利比亚战乱导致利比亚原油供应一度几近停止，原油价格从每桶80美元左右开始暴涨，并突破了100美元。为此，沙特阿拉伯被迫迅速提高产量以弥补利比亚供应中断造成的空缺，才遏制了世界油价的进一步上涨。

影响油价的金融因素中，最为重要的是美元汇率及原油期货市场的投资和投机行为。由于在目前的国际石油贸易中，"石油美元"仍然处于计价和结算的双重垄断地位，当美元贬值时，市场中以美元计价的石油价格就会上涨；当美元升值时，市场中以美元计价的石油价格就会下降。此外，美元贬值将造成产油国的实际收入减少，产油国需依靠提升油价以弥补损失。因此，美元贬值从一定程度上刺激了产油国提高石油的出口价格，从而直接导致国际油价攀升。微观方面，原油期货市场的交易者对油价未来走势形成判断以后，会通过建立多头或空头仓位，在接下来的上涨或下跌中获得收益。当期货合约的净多头持仓量上升时，表明交易者预期油价上涨，同时交易者的买入行为，也会在实际上推动油价上行；当期货合约的净多头持仓量下降甚至变为负值时，表明交易者预期油价下跌，同时交易者的卖空行为，也会在实际上加速油价下跌。

5.6 石油美元的产生与运行机制

石油是现代社会最重要的资源之一，美元则是美国主导世界经济金融体系的象征，两者虽然都极富诱惑力，但是看起来并无联系。我们经常说"石油美元"，这二者是怎么扯上关系的呢？石油美元，简单地理解，就是支付给石油出口国以换取石油的美元。

1944年7月，44个同盟国国家代表团在美国新罕布什尔州的布雷顿森林小镇进行谈判，旨在确立战后的国际货币金融体系（图5.5）。这次会议形成的一系列协议所规定的国际货币金融体系后来被称为布雷顿森林体系，其核心是美元与黄金挂钩，其他各国货币与美元挂钩。美元从此作为世界最主要的硬通货登上了历史舞台。

图 5.5　1944 年布雷顿森林体系成员国代表

20世纪60年代后期，美国黄金储备锐减，世界对美元产生了信任危机。1971年，尼克松无奈宣布美元和黄金解除挂钩，标志着布雷顿森林体系正式瓦解。然而，以美元结算的货币贸易体系在世界已构建，美国还把控着以美元为核心建立起来的诸如世界银行、世界贸易结算、世界信用体系等世界美元金融体系。为让世界各国继续依赖美元，必须找到一个东西替代黄金，美国就这样打起了石油的主意。

1974年，美国与全球最大的产油国沙特阿拉伯达成了一项"不可动摇"的协议：美国向沙特阿拉伯提供军火和设备，同时保障沙特阿拉伯国土安全；作为回报，沙特阿拉伯所有的石油出口必须全部以美元作为计价和结算货币，并将出口石油获得的美元盈余用来购买美国政府的债券。

在欧佩克"领头羊"沙特阿拉伯的示范作用下，其他成员国也很快采用美元进行石油交易，自此，美元与石油紧密挂钩。石油美元的影响不仅存在于美国和石油出口国之间，任何国家与石油出口国进行原油贸易都必须采用美元进行支付，这就创造了大量的美元或美元计价资产的需求。为了更好地管理石油收入，石油出口国设立了主权财富基金，通过全球分散化投资的方式，将这些美元财富有效利用起来。1953年，科威特创设了全球第一个主权财富基金，即现在的科威特投资局。此后，阿拉伯联合酋长国、阿曼、伊朗、阿尔及利亚等国也先后设立了主权财富基金。

所以，"石油美元"的运作机制是一个循环体系，一方面，国际石油贸易以美元作为计价和结算货币，另一方面，石油生产国出口石油所获得的收入扣除进口开支后，又通过购买美国国债等方式回流美国。可见，布雷顿森林体系解体后，是"石油—美元"循环重新巩固了美元作为世界货币的地位（图5.6）。

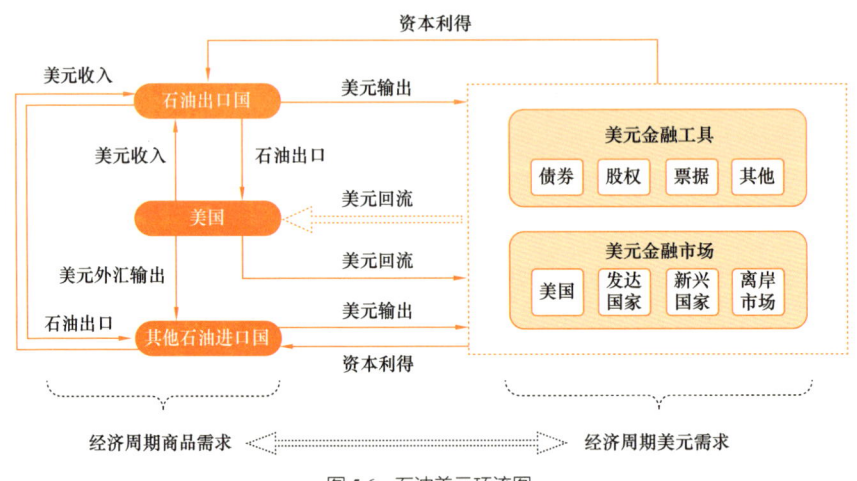

图 5.6 石油美元环流图

5.7 如何客观看待油价预测？

每当石油市场剧烈动荡，油价大幅上涨或下跌的时候，关于国际油价的分析和预测都会出现在新闻媒体的显眼位置。而事实上，即使在石油市场风平浪静的时候，也有大量的机构甚至个人，在持续地对油价进行跟踪分析和预测。最关心油价预测问题的群体有四类：一是金融机构，如商业银行、投资银行和证券公司等；二是石油和其他行业的咨询公司；三是以石油和天然气的产供储销为主要业务的公司；四是以油价为研究对象的学术机构和个人。

石油市场内外充斥着大量的不确定性因素，这些因素分属于三种范畴：一是商品范畴；二是政治范畴；三是金融范畴。各种因素相互作用，互为因果，共同影响油价走势（图 5.7）。油价预测，实际上就是分析各种因素对油价的影响，其方法多种多样，但总体上可以划分为三种基本类型：定性预测、时间序列预测和模拟仿真预测。

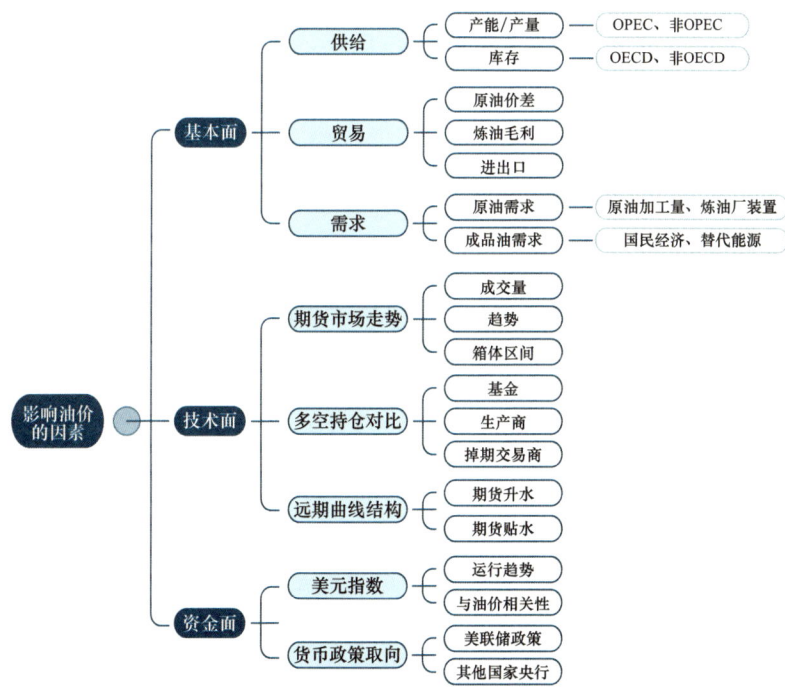

图 5.7　作用于石油市场的各种变量

定性预测是对未来的主观判断，预测成本较低，但是高度依赖于预测人员的专业水平，如果预测人员对市场的了解不够深入，掌握的信息不够全面，很容易在预测时出现偏差。

时间序列预测是利用油价和影响油价的各种因素的历史数据，建立关系后进行趋势外推的定量分析方法，可以较为准确地反映各种因素对油价产生的影响。但时间序列预测假设的未来油价和各种影响因素之间的关系，是过往历史的机械重复，而实际上在不同的历史时期，各种因素对油价的影响机制也是不同的，用历史数据去推演未来，预测往往会失准。

模拟仿真预测是按照真实世界的石油市场特征，复刻出一个"人造"市场，因此可以比定性预测和时间序列预测方法更加贴近市场的真实情况，但是对于刻画现实的能力要求极高，以当前的技术水平无法完美实现。

油价预测的意义在于，借助丰富的信息资料和现代化的建模运算能力，尽量准确地揭示出在石油市场运行过程中，各种确定和不确定性因素的本质联系及发展趋势，推演出可能发生的各种情景，并相应刻画出不同情景假设下，油价涨跌的大体脉络，据此提出合理的决策建议和风险防控/应对方案，为决策提供尽可能充分的科学依据。

5.8 油价波动是否具有周期性？

2022年3月，布伦特期货油价最高到了137美元/桶，而两年前的3月，布伦特期货油价最低跌到了16美元/桶。如此大的起伏，仅是漫长石油价格历史中的一个片段。尽管石油价格的走势复杂多变，但大量研究表明，与全球经济存在周期性一样，油价波动也具有典型的周期性特征。21世纪以来，国际油价就已经经历了四个涨跌周期（图5.8）。

图 5.8　油价波动

第一个油价周期（2000 年至 2008 年）

亚洲金融危机过后，世界经济高速发展，国际石油市场供不应求，国际油价一路飙升，2008 年 7 月一度创下 145 美元 / 桶的历史最高水平。

第二个油价周期（2009 年至 2014 年）

2008 年，全球金融危机抑制世界原油需求增长，国际油价高位暴跌，Brent 油价最大跌幅达 75%。在此期间，欧佩克三次减产托市，美日欧各大央行和政府实施量化宽松政策，国际油价强势反弹。

2010 年 12 月开始，中东、北非地区多个国家爆发"阿拉伯之春"运动，中东原油产量下降、地缘政治局势紧张，油价继续震荡上行。

2012 年 9 月，为应对欧债危机，美联储推出新一轮量化宽松，石油需求恢复强劲增长，伊朗遭受核制裁后供应大幅萎缩，石油市场供应持续紧张，国际油价持续两年高位震荡。

第三个油价周期（2015 年至 2019 年）

2014 年 9 月以后，国际油价高位暴跌，原因在于持续多年的高油价，使资金大规模涌入石油勘探开发领域，美国页岩油供应能力高速扩张。为对抗美国页岩油，欧佩克采取了增产保份额的应对措施。与此同时，伊朗核制裁解除、美联储加息进一步打压，Brent 油价从 100 美元 / 桶一路下行，2016 年 1 月最低达到 25 美元 / 桶。

2016 年 11 月 30 日，欧佩克与俄罗斯、哈萨克斯坦等非欧佩克产油国组建减产联盟，遏制了油价的跌势，Brent 油价震荡回升，重回 60 美元 / 桶左右。

2018 年 5 月 8 日，美国退出伊朗核问题协议，并对伊朗实施经济制裁，刺激油价继续上涨。2018 年 10 月，Brent 油价一度达到 85 美元 / 桶，此后持续运行于 60 美元 / 桶左右。

■ 第四个油价周期（2020 年至今）

2020 年，新冠肺炎疫情席卷全球，交通燃料消费空前萎缩，全球石油需求同比减少约 820 万桶 / 日。国际油价断崖式下跌，同年 4 月 20 日，WTI 原油期货甚至出现 -37.63 美元 / 桶的历史性负价。

为了加速去库存，OPEC+ 于 2020 年 4 月上旬达成了史上最大规模的减产协议。此后美国页岩油等非欧佩克供应相继下降，疫情防控效果显现，低油价下各国主动扩大战略储备规模，美联储宽松货币政策释放充裕的美元流动性，诸多因素推动油价触底回升。2022 年 2 月，俄罗斯与乌克兰冲突爆发，油价大幅上涨，Brent 油价一度突破 130 美元 / 桶关口，重回百元时代。

5.9 历史上首次原油负价格是如何产生的？

2021 年 4 月 20 日，美国东部时间下午 2 点 08 分至 2 点 30 分结算期结束时，WTI 原油期货 5 月合约价格如闪电般迅速跌为负数，创下每桶 -40.32 美元的盘中交易新低，最终结算价为 -37.63 美元每桶（图 5.9）。这是 1983 年 WTI 期货合约推出以来价格跌至负值价位的首次记录。

五 扑朔迷离的石油市场与价格

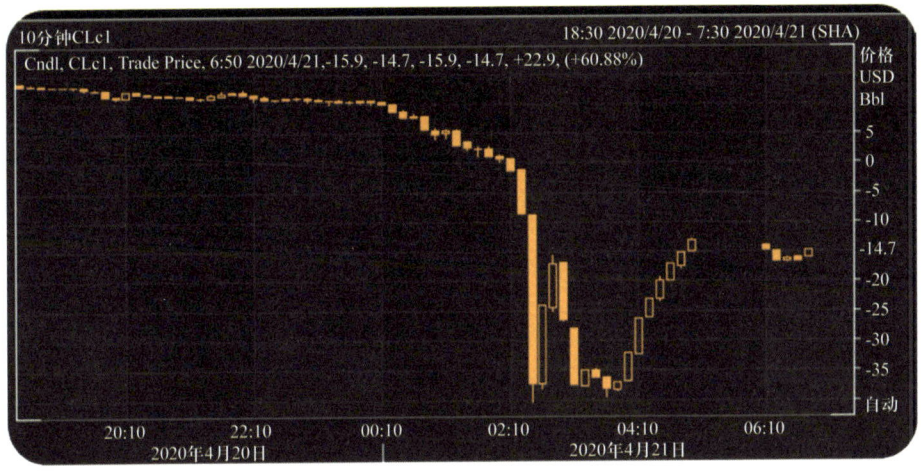

图 5.9　2020 年 4 月 21 日 "负油价"

这一次负油价的形成，是美国原油库存高位、WTI 期货实物交割困难、市场流动性紧张及各种市场交易行为共同导致的。

不同于 Brent 期货的现金交割模式，WTI 期货合约交割方式为实物交割，交割地点为美国中西部俄克拉荷马州的库欣镇（Cushing）。

实物交割意味着，WTI 原油期货合约的买方需要在俄克拉荷马州库欣的管道或储油设备按离岸价（FOB）完成交割。如果买方进入最终交割环节，但又无法指定交割阀门接货，则必须承担保证金损失、现金罚款、名声污点等后果。若临近交割日，库欣地区库容紧张，则卖方往往需要付出仓库成本等额外成本，买方才愿意接盘。在期货合约交易过程中，若从合约价格中扣除这些额外成本后出现负值，则负油价将成为可能。

2020 年，受新冠肺炎疫情影响，各国封锁政策限制人们出行，交通用油量严重萎缩。2020 年 2 季度石油消费同比减少约 1600 万桶/日，陆上石油库容利用率一度接近极限。截至 2020 年 4 月 17 日，库欣的原油储存设施具有 7600 万桶的工作储存能力，其中 6000 万桶（占管道填充和运输中存货的 76%）已装满，石油可用库存能力告急。怀俄明沥青酸油和加拿大 WCS 等原油现货品种先后出现负价。

109

为适应标的现货的负数价格，2020年4月3日，芝加哥商品交易所公告称WTI等多种期货和期权产品支持价格零值和负值交易。紧接着，WTI 5/6月合约价差一度跌破-10美元/桶。期货市场的这一反常结构使多头持仓者陷入两难：如果直接平仓，则必须承担低价卖出的巨额亏损；如果将5月期货合约移仓至6月，由于5/6月价差极宽，则需要支付极高的移仓成本。

大多数WTI期货交易者会在到期前通过现金结算平掉期货头寸，只有约1%的合约是实物交割。2020年4月，由于存储空间有限，WTI期货在临近最后交易日时已不具备有利的实物交割条件。油价大幅下跌，持续低位徘徊，吸引了大量投机资金入场抄底，WTI原油5月合约的未平仓合约达到108593手，远高于约60000手的五年均值水平，却没有足够的对手方来承接这些头寸，市场陷入巨大的流动性危机。为避免实物交割，多头不计成本平仓，集中抛售导致市场发生踩踏。

5.10 美国库欣小镇为什么对油价的影响那么大？

1912年3月，美国中西部俄克拉荷马州库欣地区附近钻出了高产油井，探险者和石油工人纷至沓来。此后8年时间，库欣油田发展成为全美最大的油田，库欣小镇发展成为远近闻名的炼油中心（图5.10）。今天，我们依然能在油价分析报告中看到库欣这个地名，并不是因为它有多少石油产量，也不是因为它具备多大的炼油能力，而是因为库欣是WTI原油期货合约指定的交割地点。

在第一次世界大战期间，库欣油田生产的原油曾占到美国原油总产量的17%，占全球石油总产量的3%。但到了20世纪60至70年代，库欣地区石油产量日益枯竭，大多数炼油厂逐渐关闭。1982年，库欣地区最后一家炼油厂停止运营，但该镇依然保留了39个储罐设施和管网，运力高达150万桶/日，获得了"世界管道十字路口"的称号。截至2020年，该地区可操作库容为7609.3万桶，极限库容9142万桶。

图 5.10 库欣油田——俄克拉荷马州的首次石油繁荣

按照美国国防区域石油管理局的划分，美国的炼油布局可以分为 5 个大区，俄克拉荷马州位于第二个大区——PADD II，这是一个拥有大型储存设施的集输中心。库欣位于 PADD II 的中大陆区域，一方面汇集了得克萨斯州、俄克拉荷马州周边及其他进口来源的原油，另一方面通过复杂的管网系统与 PADD II 和 PADD III 的主要炼油厂相连。

优越的地理位置、四通八达的管网设施和强大的仓储能力，吸引了纽约商品交易所选择库欣作为 WTI 原油期货合约的交割点，每周有超过 30 亿桶的西得克萨斯中质原油期货合约在库欣地区进行交易（图 5.11）。如果库欣地区原油库存减少 300 万～500 万桶，就可导致 WTI 原油价格上涨 10～15 美元。换言之，库欣地区原油库存增加几百万桶，就可能令油价下跌最多 20 美元。

通常情况下，库欣地区的实际运营能力是可用存储量的 20% 到 80%，而从 2015 年 4 月开始，该地区的库容利用率屡创新高。这种增长，有人认为是"得州避税"的利益驱动——得克萨斯州对石油天然气征收 2.12% 的从价税，而俄克拉荷马州没有这类税种。因此，出于税收筹划考虑，需要在库欣进行原油交割的得克萨斯州石油公司也更倾向于在库欣保留库存，这便提升了库欣的存储需求。

> **小贴士**
> 从价税，就是按资源价值所征收的一种税。

图 5.11　WTI 原油期货合约在美国库欣小镇交割

也有人认为库存增长是低油价催生的存储需求使然。如果 WTI 原油现货价格低，但期货价格走高时，投机的需求也会增加囤积原油现货的动力，甚至促使管道公司扩建储罐项目。

5.11　中国为什么需要原油期货？

从 2012 年全国金融工作会议正式提出中国原油期货计划，到 2018 年 3 月 26 日正式上市，中国原油期货上市实属不易。中国是一个富煤少油的国家，2021 年原煤生产占一次能源产量的 67.0%，而原油只占 6.6%。随着炼油能力的提升，中国原油对外依存度日益增高，2020 年进口原油 5.13 亿吨，原油对外依存度升至 72.0%（图 5.12）。

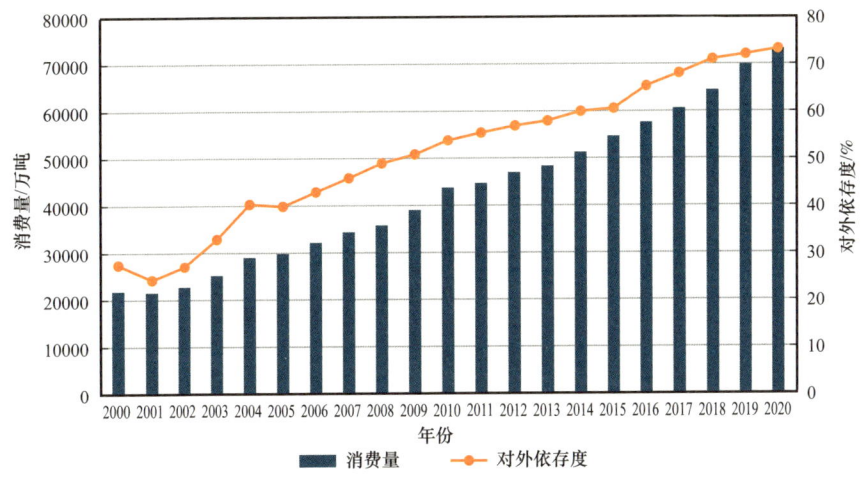

图 5.12 中国原油消费量及对外依存度
数据来源：国家统计局和中国海关总署数据

中国 60% 的原油进口来自中东和非洲地区，大约 90% 的进口原油需要从海上船运，进口原油运输约 4/5 是通过马六甲海峡。而中东、非洲地区是国际政治经济局势动荡最为频繁的"火药桶"，由此带来的局部原油断供风险，也是中国石油供应安全的最大潜在隐患。

中国目前正在建设或者筹建的战略石油储备库可以在一定程度上抵御供应中断风险，但地缘风险造成的石油价格波动，则缺少足够的对冲工具。尽管欧美已有成熟的原油期货市场，但其价格难以客观全面反映亚太地区的供需关系。2018 年 3 月 26 日，上海期货交易所上海国际能源交易中心正式挂牌上市交易原油期货，并从标的资产和计价货币的设计上突破了现有原油期货的交易规则。

上海原油期货具有独特的标的资产——中质含硫原油。中质含硫原油的供需关系与轻质低硫原油并不完全相同，我国及周边国家进口原油的主要品种就是中质含硫原油。中质含硫原油产量约占全球产量的 44%，但在上海原油期货上市以前，国际市场还缺乏一个权威的中质含硫原油的价格基准，因此形成中质含硫原油的基准价格有利于促进亚太地区国际原油贸易的发展。

上海原油期货也是人民币国际化的重要载体，因为它采用人民币计价和结算（图 5.13）。国际上的原油期货大多采用美元作为结算货币，这种国际惯例的弊端就是美元的强弱主宰了油价的走势，这将导致油价对冲效果大打折扣。

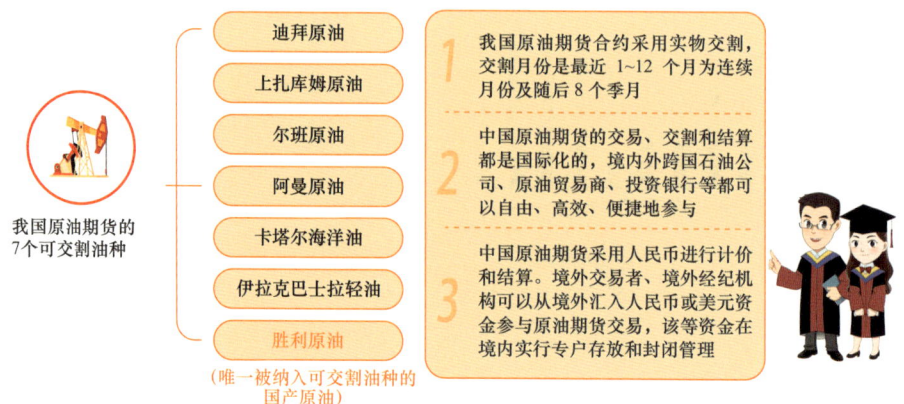

图 5.13　上海原油期货可交割油种及交割规则

5.12　原油生产商如何使用衍生工具开展套期保值？

套期保值是以规避现货价格风险为目的的衍生品交易行为。在国际原油贸易中，原油生产商为了规避原油价格波动的风险，经常采用衍生工具来锁定原油的出售价格。

以原油期货为工具的套期保值为例。向市场提供原油的生产商为提前锁定销售价格，以防止正式出售时价格下跌而遭受损失，可以提前在期货市场上建仓卖出原油期货，等到销售现货原油时再平仓买入期货头寸。这样，即使在现货市场上承受了原油价格下降带来的损失，也会在期货市场上赚取收益，总体达到一个盈亏相抵的状态，实现风险规避。

例如，假设 WTI 原油价格为 61.24 美元 / 桶，原油生产商计划在一个月后产出 100 万桶原油并在现货市场出售，为避免价格下跌，可选择在 4 月 1

日卖出 1000 份 7 月原油期货合约，对应 100 万桶原油。当日的 7 月原油期货合约价格为 61.17 美元 / 桶，这意味着生产商面对的基差（即同一时刻的现货价格与期货价格之差）为 0.07 美元 / 桶。假设在原油生产商实际出售原油现货的时候，现货价格下跌到 60.36 美元 / 桶，如果基差不变，7 月原油期货合约将下跌至 60.29 美元 / 桶，原油生产商在出售现货的同时，对持有的 7 月原油期货合约进行平仓（图 5.14）。总体来说，虽然原油生产商在现货市场上承担了由于价格下跌带来的净损失，但是在期货市场上却产生了净收益，从而规避了价格下跌带来的价格风险，最终净损益为零，两个月中价格的波动并没有对交易者的损益产生影响。

图 5.14　原油生产商套期保值示例

如果原油价格上涨，生产商在现货市场和期货市场上的盈亏将会反过来：在现货市场上盈利，期货市场上亏损，综合损益依旧为零。

在基差不变的前提下，套期保值者在一个市场上的亏损会被另一个市场上的盈利完全对冲掉。但是，期货价格和现货价格同步变化在现实中很少发生，从长期来看，基差一般不会一直保持不变。

参照上述例子，原油生产商出售原油时，现货价格下跌为 60.36 美元 / 桶，而 7 月原油期货合约价格为 60.19 美元 / 桶，基差由原来的 0.07 美元 / 桶上升到 0.17 美元/桶，在这种基差改变的情况下，生产商所构造的就是不完全套期保值，这样在期货市场上得到的收益就会覆盖现货市场上的亏损，也就是说该套期保值会产生一个净收益，各市场上损益情况如表 5.3 所示。

表 5.3 生产商不完全套期保值

日期	现货市场	期货市场	基差
4月13日	现货价格为 61.24 美元/桶	买入 100 万桶原油价格为 61.17 美元/桶	0.07 美元/桶
5月13日	卖出 100 万桶原油价格为 60.36 美元/桶	平仓期货合约价格为 60.19 美元/桶	0.17 美元/桶（基差改变）
损益	现货市场损益 $=-0.88 \times 1000000$ $=-880000$ 美元	期货市场损益 $=0.98 \times 1000000$ $=980000$ 美元	套期保值净收益 $=-880000+980000$ $=100000$ 美元

5.13 炼油企业如何使用衍生工具开展套期保值？

一般情况下，炼油商对原油的套期保值方向与原油生产商正好相反。原油是炼油厂采购的原料，此时原油价格上涨是炼油商面临的最大的价格风险。炼油厂的炼油毛利等于炼油厂出厂价减去原油、原料油费用及所得税以外的税金。

假设当下的 WTI 原油价格为 60.44 美元/桶，炼油商预计一个月后购进 100 万桶原油用于炼化生产，为了规避价格上涨风险，该炼油商当下买入 1000 份 7 月原油期货合约，合约价格为 60.49 美元/桶，这意味着炼油商面对的基差为 −0.05 美元/桶。假设一个月后，炼油商实际购买的原油现货价格为 61.36 美元/桶，如果基差不变，7 月原油期货合约将会上涨为 61.41 美元/桶，炼油商在出售现货的同时，对所持有的 7 月原油期货合约进行平仓。在现货市场上，由于价格上涨，炼油商将会面临采购原油成本增加的损失；但是在期货市场上，由于炼油商事先以较低的价格买入期货合约，所以在平仓时可以获得正收益。由于基差没有改变，所以这是一个完全套期保值，炼油商在期货市场上获得的收益刚好可以覆盖现货市场上的损失，总体没有损失，即价格的变化没有对炼油商产生影响。套期保值各市场的收益如表 5.4 所示。

表 5.4 炼油商完全套期保值

日期	现货市场	期货市场	基差
4月13日	现货价格为 60.44 美元／桶	买入 100 万桶原油 价格为 60.49 美元／桶	-0.05 美元／桶
5月13日	卖出 100 万桶原油 价格为 61.36 美元／桶	平仓期货合约 价格为 61.41 美元／桶	-0.05 美元／桶（基差不变）
损益	现货市场损益 =-0.92×1000000 =-920000 美元	期货市场损益 =0.92×1000000 =920000 美元	套期保值净收益 =-920000+920000 =0 美元

如果基差发生改变，例如由买入期货合约时的 -0.05 美元／桶，变化为平仓时的 -0.02 美元／桶，则期货市场上的盈利并不能完全覆盖现货市场上的亏损，但仍可以在一定程度上降低炼油商面临价格上涨所带来的损失，套期保值收益如表 5.5 所示。

表 5.5 炼油商不完全套期保值

日期	现货市场	期货市场	基差
4月13日	现货价格为 60.44 美元／桶	买入 100 万桶原油 价格为 60.49 美元／桶	-0.05 美元／桶
5月13日	卖出 100 万桶原油 价格为 61.36 美元／桶	平仓期货合约 价格为 61.38 美元／桶	-0.02 美元／桶（基差改变）
损益	现货市场损益 =-0.92×1000000 =-920000 美元	期货市场损益 =0.89×1000000 =890000 美元	套期保值净收益 =-920000+890000 =-30000 美元

六　叱咤风云的石油公司与组织

20世纪初，七家跨国石油公司组成的石油"七姊妹"，对世界石油市场形成了长期和强有力的控制。但随着资源国对本国油气资源掌控力度的提升，一批国家石油公司开始快速发展，成为影响油气市场的重要新兴力量。与此同时，以技术制胜的石油技术服务公司也不断繁荣，共同成为世界石油工业的重要参与者。这些公司伴随着石油工业的发展，或此消彼长，或相互促进，依靠各自的独特优势在竞争中不断涅槃。它们是世界石油工业的创造者、推动者，也是世界石油工业发展的有力见证者。在愈演愈烈的能源转型大势下，各类石油公司积极调整发展战略，以应对前所未有的挑战。

6.1　富可敌国的石油巨人——国际石油公司

在《石油即政治》一书中，作者认为埃克森美孚石油公司作为全球私人石油企业的代表，嫣然一个独立的国家，因为这家公司拥有雇佣军、外交部和情报部门，掌握着国家能源命脉，可以直接安排元首会晤，左右国内政策制定，还能在一些地区行使大使馆的外交职能。曾经的董事长雷克斯·蒂勒森在辞职后，直接出任美国国务卿。事实上，埃克森美孚公司仅是国际石油公司的一个缩影。

所谓"国际石油公司"，就是指那些依靠私人资本创建和经营的大型跨国石油公司。两次世界大战期间，国际石油公司组成了世界石油历史上声名显赫的"七姊妹"，从20世纪40年代到20世纪70年代第一次石油危机前的相当长时间里，垄断了世界石油市场。

到了20世纪80年代中期以后，世界石油领域不断发生大规模的兼并与联合。1998年开始的以大型石油公司横向整体合并为主要特点的兼并与联合狂潮，直接导致了超级国际石油公司的形成。尘埃落定之后，埃克森美孚、荷兰皇家壳牌集团、碧辟、道达尔能源、雪佛龙德士古共同组成了石油业内的巨无霸方阵。

进入21世纪以来，在国际油价走高的有利形势下，它们在继续优化调整资产组合的同时，普遍将营造长期竞争优势、实现可持续发展作为首要的战略重点，进入了一个为长期增长而投资的新阶段。这一阶段，荷兰皇家壳牌石油公司、埃克森美孚公司、雪佛龙公司、碧辟公司、道达尔公司等国际大石油公司庞大的经营规模、横跨全球的业务组合、卓越的盈利能力，赢得了举世关注。在辉煌的时期，《财富》全球500强排名前七位中国际石油公司就占据了六席（图6.1），包括荷兰皇家壳牌、埃克森美孚、碧辟等，这些公司动辄几千亿美元的营业收入使它们做到了真正意义上的富可敌国。非政府组织Global Justice Now曾经在2016年对包含国家政府和公司的全球最强经济体进行排名，荷兰皇家壳牌排在第18位，埃克森美孚排在第21位，超过了墨西哥、瑞典、印度等国政府。

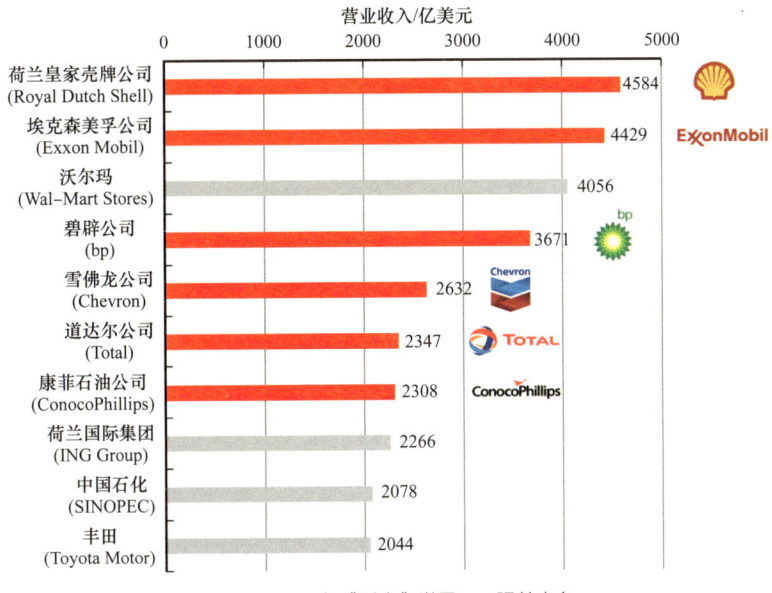

图 6.1　2009 年《财富》世界 500 强前十名

> **小贴士**
>
> **全球最著名的国际石油公司——埃克森美孚公司**
> 埃克森美孚是世界上最大的上市能源供应商和化学品制造商之一,总部设在美国得克萨斯州爱文市。公司历史可追溯至约翰·洛克菲勒于 1882 年创建的标准石油公司;1999 年,埃克森石油和美孚石油合并为埃克森美孚公司。该公司是全球第一家市值超过 4000 亿美元的企业,业务包括上游勘探开发、下游、化工等领域,公司旗下著名的品牌包括埃克森、埃索、美孚和埃克森美孚。2021 年底,公司员工总数 6.3 万人,上游业务遍及全球 39 个国家和地区;公司营业收入 2856 亿美元,在 2022 年全球财富 500 强中排名第 12。

　　2014 年开始的持续多年的低油价,再加上能源转型、气候变化等压力,国际石油公司遭遇了前所未有的挑战。2020 年,《财富》世界 500 强前十强中仅荷兰皇家壳牌公司、碧辟公司仍然在列,埃克森美孚公司跌出前十位列第 11 名,至此前二十强中仅剩三家国际石油公司。与此同时,国际石油公司的市值也在不断下滑,自 1928 年就加入道琼斯工业平均指数的埃克森美孚公司,2007 年 10 月市值曾达到逾 5250 亿美元,直到 2011 年还是美国最大上市公司,在 2020 年 8 月被移出道琼斯工业平均指数时,市值已不足 2000 亿美元,还不到苹果公司的十分之一,令人不禁无限感慨。

尽管如此，国际石油公司常年积累的发展优势，仍然在液化天然气、深海油气、非常规油气等业务领域和转型升级进程中引领石油行业前进。

6.2　油气资源的掌控者——国家石油公司

国家石油公司是指那些由国家投资组建、以实现国家战略目标为使命的石油公司。不同于一般的国有或国营石油公司，国家石油公司不仅是国家所有的公司，而且具有代表国家、维护国家权益、为国家总体利益服务的基本特征。

1922年，阿根廷建立起世界上第一个真正意义上的国家石油公司。1938年，墨西哥政府没收外国公司在墨西哥的石油资产，实行国有化，把石油业务交由墨西哥国家石油公司经营，由此产生了第一家现代模式的石油资源国国家石油公司。第二次世界大战结束到20世纪50年代，为了打破外国公司对本国石油市场的垄断，保障本国能源供应，法国、意大利等国纷纷成立自己的国家石油公司。20世纪70年代，国家石油公司迎来涌现的高潮期，石油输出国组织纷纷成立自己的国家石油公司。自此，世界上绝大多数石油储量和产量转移到了资源国国家石油公司的手中。

埃尼公司在其《世界石油回顾（2020）》中指出，2019年50家国家石油公司集中了全球73%的石油储量和55%的石油产量，这些国家石油公司包括耳熟能详的沙特阿美国家石油公司、巴西国家石油公司等。更进一步，国家石油公司控制了非洲地区93%的石油剩余可采储量和59%的石油产量，控制了中东地区90%的石油剩余可采储量和89%的石油产量，控制了俄罗斯中亚地区80%的石油剩余可采储量和78%的石油产量，在中南美洲地区也控制了75%的石油剩余可采储量，仅在欧洲和北美洲地区没有显著的控制能力（图6.2）。

国家石油公司成立之初都有本国政府的大力支持作为后盾。在发展过程中，依托上游逐步建立起一体化的产业链条，向石油产业的下游延伸，打破了跨国大石油公司把持炼油和销售的局面。此外，以国际化经营带动公司快速发展，缺乏资源的国家石油公司通过国际化在上游参与全世界油气资源的再配置，缺乏市场的国家石油公司通过国际化在下游争夺、巩固和扩大市场份额。

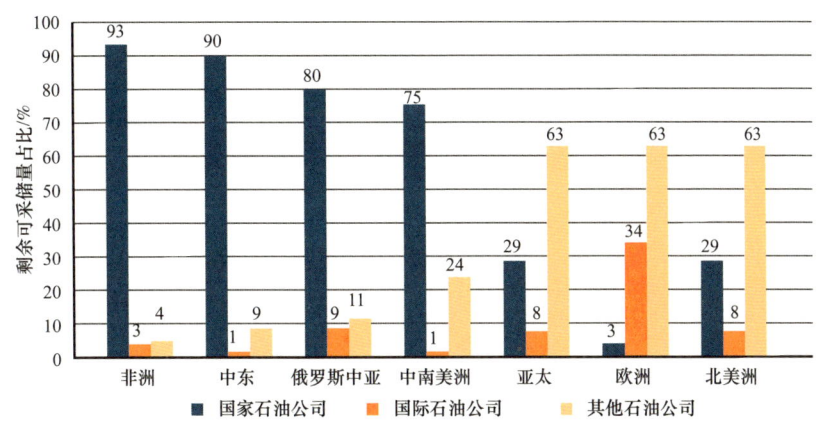

图 6.2　2019 年全球石油剩余可采储量公司类型分布

数据来源：埃尼公司《世界石油回顾（2020）》

经过几十年的摸索发展，各国国家石油公司凭借其资源禀赋优势，凭借政府给予的在外交、政策、税收、金融等方面的大力支持，凭借其多年来在石油技术、人才和管理等方面的积累和储备，以及在开展国际合作和跨国经营中的丰富经验，已具备相当雄厚的实力，成为世界石油舞台上一支颇具影响力的"国家队"。在美国《石油情报周刊》世界最大 50 家石油公司排名中，国家石油公司接近 30 家，沙特阿拉伯国家石油公司、伊朗国家石油公司、中国石油天然气集团有限公司等则长期位列全球前三。此外，在这些国家石油公司中，也形成了一批具有代表性的企业，如在深水领域占据一席之地的巴西国家石油公司、国际化业务突出的中国石油天然气集团有限公司等。

面对未来，国家石油公司除了发挥其上游优势外，都在努力加快一体化进程和跨国经营步伐，持续调整和改革石油产业结构，增强自身规模实力和国际竞争力，向着更高的目标迈进。

> **小贴士**
>
> 全球最大的国家石油公司——沙特阿拉伯国家石油公司（简称"沙特阿美"）
> 沙特阿拉伯国家石油公司是全球最大的石油公司，业务覆盖 50 多个国家和地区。1988 年，沙特阿拉伯国家石油公司正式成立，接管了原阿美公司的全部资产和经营权，成为沙特阿拉伯境内唯一一家从事石油勘探和开发业务的公司；1991 年，沙特阿美收购韩国双龙炼油公司 35% 的股权，开启了全球扩张之路；2019 年，沙特阿美在沙特阿拉伯国内的利雅得证券交易所挂牌上市，上市首日总市值达到约合 1.88 万亿美元，成为当时全球市值最大的公司。

6.3 石油界的技术先锋——石油技术服务公司

石油技术服务公司是为勘探和开采石油天然气提供专业技术服务和解决方案的公司。按照所从事的专业不同，可以细分为地球物理勘探、测井、钻井、完井、增产措施（如压裂、酸化、控水、防砂）及油气田地面建设和设计、管道运营等方面的石油技术服务公司。广义的石油技术服务公司还涵盖了石油装备和器材的制造业务。它们与石油公司相生相伴，是石油公司的主要合作伙伴，它们所开创的多项技术改写了石油工业面貌，加速了石油工业的发展进程。

世界石油技术服务业的发展大体上经历了四个阶段，具体如图 6.3 所示。

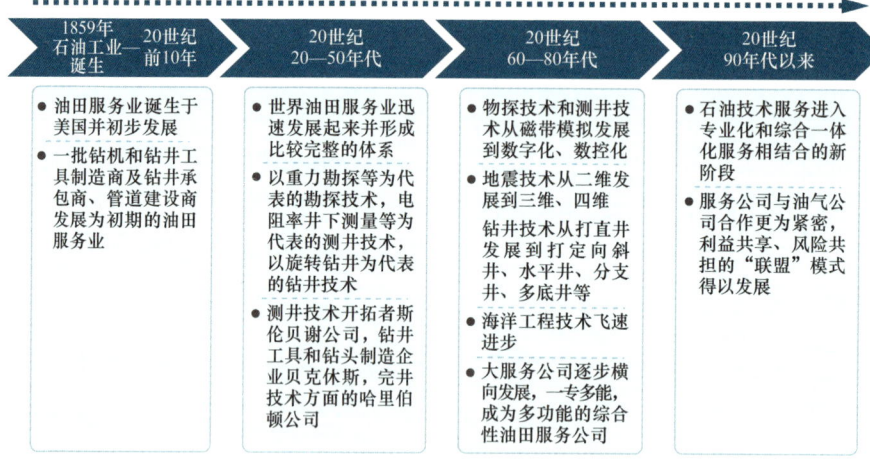

图 6.3 世界石油技术服务业发展的四个阶段

发展至今，世界石油技术服务业更加分化、专业化，市场化程度较高，市场竞争较为充分，在钻机、钻井、物探、油藏等不同领域均有代表性的石油技术服务公司，这些公司持续的技术创新有效保障了世界油气行业健康和持续发展。从具体企业来看，有斯伦贝谢、贝克休斯、哈里伯顿、威德福等油服巨头，也有德西尼布FMC、东方地球物理公司、中海油服等在各细分领域表现优异的公司，其中，东方地球物理公司已连续多年在物探行业保持全球第一；德希尼布FMC在海底技术方面保持领先地位。

石油技术服务公司的收入，严重依赖于行业内的油气公司。油气公司在勘探开发领域的投入力度，直接决定了石油技术服务的市场规模。2014年以来，国际石油价格断崖式下跌之后长期保持低位，国际石油公司在经营压力下大幅削减勘探开发投资，业务工作量也被尽可能地压缩，导致石油技术服务公司遭遇了前所未有的发展压力。其中，斯伦贝谢2014年收入485亿美元，2016年降至278亿美元，并出现近17亿美元的亏损；哈里伯顿公司2014年收入329亿美元，2016年降至159亿美元，并出现近68亿美元的巨额亏损。在经营压力下，油服公司尝试抱团取暖，甚至破产重组。例如，2014年11月，哈里伯顿和贝克休斯联合宣布合并交易，但最后以失败告终，哈里伯顿向贝克休斯支付了高达35亿美元的解约费；2016年10月，通用电气（GE）剥离出旗下石油和天然气业务板块，和贝克休斯合并成立新合资公司，并成为GE的子公司；2019年5月，全球第四大油服巨头——威德福，面对持续亏损和逾百亿美元的债务，被迫申请破产重组。

面向未来，在石油价格存在不确定性的环境下，石油技术服务公司发展的挑战依然存在，但可以相信的是，拥有一技之长的它们，总会找到发挥的舞台。

小贴士

全球最大的油田技术服务公司——斯伦贝谢公司
1926年，法国人康拉德和马歇尔兄弟率先使用电测原理描绘地下岩层，创立了斯伦贝谢公司。目前斯伦贝谢公司的总部设立在休斯敦、巴黎、伦敦和海牙，雇佣来自140多个国家的近10万名员工，在全球约85个国家作业，在2020年度《财富》世界500强排名中，斯伦贝谢公司位列第382位。斯伦贝谢在其从事的19个细分专业市场中，有12个排名第一，4个排名第二，是当之无愧的全球油服行业领头羊。

6.4　全球石油界有哪些著名的国际组织？

在国际能源舞台上，除了非常活跃的石油公司和资源国政府之外，我们也经常看到一些国际组织，纷纷通过机构开会和频繁召开各种论坛来交流信息、分享经验、达成共识，以推动不同层次、不同区域范围内的国际能源合作。除了在资源国层面扮演举足轻重角色的欧佩克，以及消费国层面发挥领导作用的国际能源署之外，还有哪些国际组织也在积极作为呢？

■ 世界石油理事会

世界石油理事会（World Petroleum Council）是非政府、非营利性的国际石油技术组织，被公认为是世界权威性的石油科技论坛，总部设在伦敦。创始人是曾任英国石油技术学会主席的杜赫斯特（1881—1973）先生。2021年底，成员国包括65个主要的石油生产国和消费国，它们的石油和天然气产量及消费量占全球的95%以上。理事会组织结构包括理事会、执行委员会、科学规划委员会、世界石油大会秘书局。该组织只吸收国家委员会，参加该组织时，必须在国内先成立国家委员会。理事会由每个国家委员会中的3名代表组成，世界石油大会的时间及地点即由理事会确定。世界石油大会（The World Petroleum Congress，WPC）每四年举行一次，从第14届大会以后改为每三年举行一次。

世界石油大会的主要出版物为《大会公报》。

■ 国际能源论坛

国际能源论坛（International Energy Forum，简称IEF），2000年前被称为"国际能源会议"，是在全球范围内能源生产国与消费国定期举办的一个重要的全球能源对话机会。2003年IEF秘书处在沙特阿拉伯首都利雅得成立，主要负责该组织的运营和管理。截至2023年，IEF已有72个正式成员国，是世界上最大的能源部长国际组织，论坛下设执委会，论坛两年一次的部长级会议是世界上最大的能源部长聚会。

能源宪章

能源宪章组织目前由西欧、东欧和独联体地区国家及加拿大、日本、澳大利亚等53个成员国组成，并包括中国等多个观察员国，是一个政府级的致力于区域能源合作的国际组织。其以《能源宪章条约》(Energy Charter Treaty，简称ECT）为核心，指导、规范各成员国和观察员国之间妥善处理有关能源问题，并借此促进一个真正开放、平等且相对稳定的国际能源市场的形成。组织常设秘书处，位于比利时布鲁塞尔。中国从2001年起成为国际能源宪章组织的受邀观察员国，2015年由受邀观察员国变为签约观察员国。

> **小贴士**
>
> 《能源宪章条约》
> 《能源宪章条约》是一个在加强国际社会能源领域合作方面具有重要意义的多边协议，是能源宪章的灵魂和基础。1994年12月，在《欧洲能源宪章》基础上，包括所有独联体地区、中东欧以前实行中央计划经济体制的国家、日本、澳大利亚、挪威、土耳其和瑞典等在内的49个国家及欧共体所有成员国，共同签署了《能源宪章条约》，并于1998年4月16日正式生效。

国际燃气联盟

国际燃气联盟（International Gas Union，简称IGU）是世界天然气行业权威的、非营利性的国际组织，成立于1931年，注册地在瑞士沃韦，2021年8月启用伦敦永久秘书处。截至2022年5月，IGU在五大洲拥有80个特许会员、14个高级准会员和59个准会员，代表全球天然气95%以上的市场。国际天然气联盟工作委员会每三年召开一次世界天然气大会，该会议是世界上规模最大、最重要的全球天然气行业盛会，截至2021年已举办27届。2022年至2025年，由中国担任轮值主席国。

除以上组织外，著名的国际能源组织还有世界能源理事会、海外阿拉伯国家合作委员会、阿拉伯石油输出国组织等。

6.5 中国石油、中国石化、中国海油有什么区别？

中国的石油工业运营主体主要是以中国石油天然气集团有限公司（简称"中国石油"）、中国石油化工集团有限公司（简称"中国石化"）和中国海洋石油集团有限公司（简称"中国海油"）三大国家石油公司为支撑的，俗称"三桶油"，形成了独具特色的中国石油工业运行模式。

▌ 三大石油公司的历史沿革及发展演变

1949年10月，燃料工业部成立，次年4月设立石油管理总局，负责新中国的石油工业生产建设。此后，燃料工业部先后重组为石油工业部、燃料化学工业部、石油化学工业部，至1978年再度更名为石油工业部。1982年2月，中国海洋石油总公司成立，全面负责对外合作开采海洋石油资源业务，1988年5月起，直属国务院管理。1983年7月，中国石油化工总公司成立，将原来分属石油部、化工部、纺织部管理的39个石油化工企业划归该公司，全面负责国内石油化工业务发展，1988年9月更名为中国石油化工集团公司。1988年9月，根据国务院机构改革方案，撤销石油工业部，成立中国石油天然气总公司。1998年，中国石油天然气集团公司和中国石油化工

> **小贴士**
>
> **中国石油天然气总公司、中国石油化工总公司划转企业交接**
> 1998年，原石油和石化两个总公司的下属企业，按上下游结合的原则，分别组建成两个特大型石油化工企业集团。以原中国石油天然气总公司为主体组建的中国石油天然气集团公司，以大庆、辽河、华北等13家油气田企业为基础，分别从原中国石油化工总公司和地方划入19家企业和17家企业；而以原中国石油化工总公司为主体组建的中国石油化工集团公司，则以燕山、上海高桥、金陵、扬子等23家大型石化企业为基础，分别将原中国石油天然气总公司的胜利、中原、江汉等7家油气田企业和4家输油公司、1家石化企业和地方的23家石油销售公司划入名下。

集团公司正式宣告成立。2017年至2018年，启动公司制改革，三家公司陆续变更为有限责任公司（图6.4）。

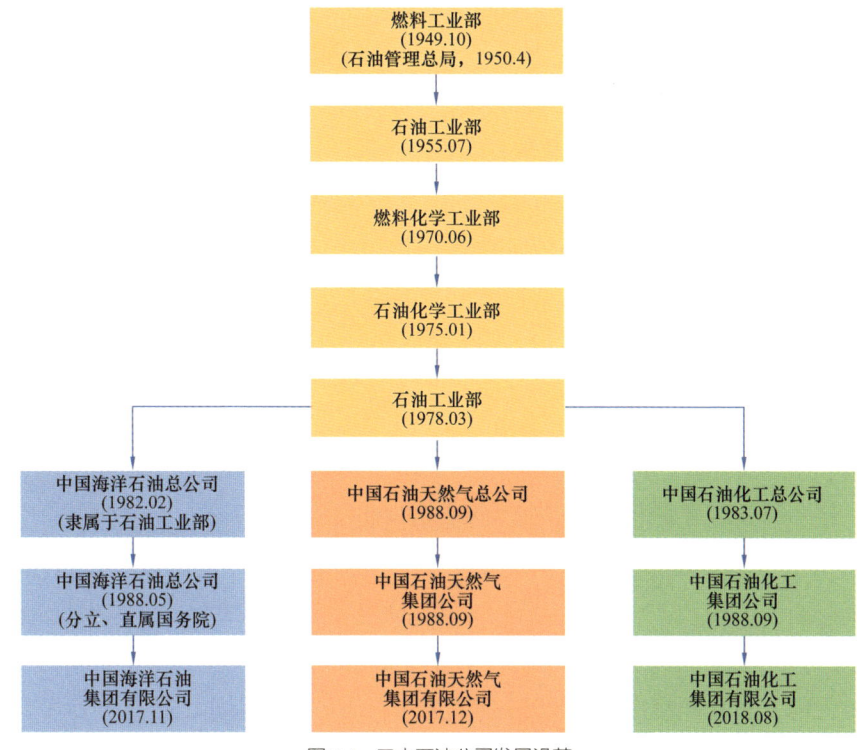

图6.4 三大石油公司发展沿革

中国石油

中国石油是中国最大的油气生产和供应企业，是国内最大的油气生产商和供应商，在全球35个国家和地区开展油气投资业务。2000年4月，中国石油天然气股份有限公司（中国石油天然气集团公司最大的控股子公司）股票在香港、纽约上市成功；2007年11月，中国石油天然气股份有限公司在上海证券交易所挂牌上市。2022年，中国石油在《财富》杂志"世界500强企业"中排名位居第4位，在《石油情报周刊》评选的"世界最大50家石油公司"中位居第3位。

中国石油拥有大庆、长庆、新疆、四川、塔里木等16家大型、特大型油气田生产企业，以及大连石化、兰州石化、抚顺石化等 31 家大型炼化企业，还有分布于各省的 37 家油品销售企业、6 家天然气销售企业。业务领域涉及石油天然气勘探开发、炼油化工、管道运输、油气炼化、产品销售、石油工程技术服务、石油机械加工制造、石油贸易、金融服务等多个领域，在国内石油天然气生产、加工和销售市场中都占据主导地位。中国石油旗下的上市公司包括中国石油天然气股份有限公司、中国石油集团工程股份有限公司、中国石油集团资本股份有限公司。

中国石化

中国石化是中国最大的成品油和石化产品供应商、第二大油气生产商，是世界第一大炼油公司、第二大化工公司，加油站总数位居世界第二。2000 年 10 月，中国石化股份有限公司（中国石油化工集团公司的子公司）股票在香港、纽约、伦敦三地上市成功。2022 年，在《财富》"世界 500 强企业"中排名第 5 位，在《石油情报周刊》评选的"世界最大 50 家石油公司"中位居第 19 位。业务领域涉及油气勘探开发、炼油生产经营、化工生产经营、产品营销、石油工程技术、炼化工程、新能源开发利用等。2021 年，中国石化全年国内生产原油 3515.4 万吨，生产天然气 338.8 亿立方米；海外权益原油产量 2829 万吨，权益天然气产量 99.55 亿立方米；国内加工原油 2.55 亿吨。

中国石化旗下上市公司包括中国石油化工股份有限公司、中国石化石油工程技术服务股份有限公司、中国石化上海石油化工股份有限公司等。

中国海油

中国海油是中国最大的海上油气生产商，在中国海域拥有渤海湾、南中国海西部、南中国海东部及中国东海四个主要作业区。2001 年 2 月，中国海洋石油股份有限公司（中国海洋石油总公司的子公司）的股票分别在纽约和香港挂牌上市；2022 年 4 月，中国海洋石油有限公司在上海证券交易所挂牌上市。公司主要业务板块包括油气勘探开发、专业技术服务、炼化与销售、天然气及发电、金融服务等，并积极发展海上风电等新能源业务。2022 年，中国海油在《财富》杂志"世界 500 强企业"中排名第 65 位，在《石油情

六　叱咤风云的石油公司与组织

报周刊》评选的"世界最大50家石油公司"中排名第29位。

中国海油旗下上市公司包括中国海洋石油有限公司、中海油田服务股份有限公司、中海石油化学股份有限公司、海洋石油工程股份有限公司。

数字2021说"三桶油"

关于2021年"三桶油"的经营状况，可总结如表6.1所示。

中国石油、中国石化和中国海油三家国家石油公司已成为国际大公司阵营和世界石油工业中的三支不可忽视的重要力量，具备了建设世界一流国际能源公司的规模实力和竞争力。

表6.1 "三桶油"2021年的主要指标对比

主要指标	中国石油	中国石化	中国海油
总资产	41924亿元	24180亿元	13300亿元
营业总收入	28073亿元	27894亿元	8187亿元
员工数量	117.7万人	59.3万人	8.1万人
国内权益原油产量	10311万吨	3515万吨	4240万吨
国内权益天然气产量	1378亿立方米	339亿立方米	134亿立方米
海外权益原油产量	7633万吨	2829万吨	1932万吨
海外天然气权益产量	315亿立方米	100亿立方米	64亿立方米
国内加工原油	16674万吨	25500万吨	3722万吨
国内成品油产量	10892万吨	14621万吨	1120万吨
国内乙烯产量	673万吨	1338万吨	210万吨
国内成品油销量	11126万吨	17100万吨	2437万吨
国内加油站数量	22684座	31735座	1092座
国内天然气销量	2056亿立方米	658亿立方米	686亿立方米

6.6　为什么成立国家油气管网公司？

对于整个石油天然气产业链而言，管网处于中游，连接着上游勘探开发和下游加工销售两个竞争环节，起着非常重要的作用，相当于运输油气的高速公路，可以说"管网决定市场范围、管网决定发展空间"。油气管网主要包括长输管网（跨省长输管网、省内长输管网）、跨省支干管网、配气管网等。近年来，随着我国油气工业的快速发展，油气管网建设特别是天然气管网建设也进入了一个快速发展的阶段。截至2021年底，我国已建成运营的原油长输管道总里程3.1万千米、成品油管道总里程3.0万千米、天然气长输管线总里程8.9万千米，油气长输管道里程累计达到15.0万千米。

在国家油气管网公司成立前，我国油气管网建设运行主要采取自建自管模式。大型干线和支干线工程主要由三大石油公司投资建设，区域内支线主要由三大石油公司和地方资本投资建设。各投资主体以市场为导向，按线建设管道，自行管理运营，导致管网缺乏统一整体规划，互联互通程度不够，缺乏统一的调控和协同机制，存在重复建设、资源"南来北往"、管网运行效率低、开放程度不高、输配环节层级多等问题。此外，由于长输管网建设审批必须落实油气资源和市场，国内三家石油公司控制了绝大多数的上游油气资源供应，在管网投资方面形成了难以逾越的门槛，制约其他主体进行长输管网投资。

2017年，《关于深化石油天然气体制改革的若干意见》出台，明确了我国油气体制改革的思路和任务，基本思路是"管住中间，放开两头"，管住"中间"就是管住管网输送环节，改革油气管网运营机制，把管道独立出来，提升集约输送和公平服务能力。2019年3月19日，《石油天然气管网运营机制改革实施意见》发布，明确构建上游油气资源多主体多渠道供应、中间统一管网高效集输、下游销售市场充分竞争的"X+1+X"油气市场体系的改革部署，决定组建国有资本控股、投资主体多元化的国家管网公司。2019年12月9日，国家管网集团召开大会并正式成立。2020年10月1日，国家管网集团收购中国石油、中国石化、中国海油油气主干管网资产并正式投入运营。作为新的"国家队"，国家管网公司主要从事油气干线管道、储气库、LNG接收站等基础设施的投资建设和运营管理，负责原油、成品油、天然气的集约输送和"全国一张网"运行调度，定期向社会公开剩余管输和储存能力，实现了油气基础设施向所有用户公平开放的目标。

成立国家管网公司，实现了管输和生产、销售分开，以及向第三方市场主体的公平开放，有利于促进市场竞争，提高资源配置效率，更好地体现能源商品属性，发挥市场在资源配置中的决定性作用，进一步推进市场化的油气价格机制改革，激发市场活力，更好为经济社会发展服务。同时，加快推进互联互通工程和液化天然气（LNG）接收站等基础设施建设，构建"全国一张网"，有利于更好地在全国范围内进行油气资源调配，提高油气资源的配置效率、管网安全运行系数及应急和保供能力，促进油气市场安全稳定供应和民生保障。此外，统筹规划建设运营全国油气干线管网，也有利于减少重复投资和管道资源浪费，加快管网建设，改善管网投资建设效益，提升油气运输能力。

6.7 中国油公司的国际业务有多大？

1993年，中国的石油企业贯彻国家"利用两种资源、两个市场"的战略方针，开始实施国际化经营。三十多年来，以中国石油、中国石化、中国海油为代表的中国石油企业，从零起步，海外油气业务领域和规模不断扩大，发展模式也已由单一的合作开采向跨国并购、风险勘探和上下游一体化方向发展，书写了中国石油企业"走出去"的华丽篇章。

中国石油的国际业务

中国石油集团是国际化业务发展最大的中国石油企业。1993年，该公司中标秘鲁6/7区，开启了国际油气合作的探索阶段，此后先后获得苏丹124区石油勘探开发项目、哈萨克斯坦阿克纠宾项目、哈萨克斯坦PK石油公司部分股权、土库曼斯坦阿姆河右岸天然气项目、伊拉克鲁迈拉项目、俄罗斯亚马尔项目等一批代表性的合作项目，国际化发展进入优质发展阶段（图6.5）。截至2021年底，中国石油集团建成了中亚—俄罗斯、中东、非洲、拉美和亚太五大国际油气合作区，在全球32个国家和地区开展油气投资业务；2021年公司全年实现海外油气权益产量当量10139万吨，建立了亚洲、欧洲和美洲三大国际油气运营中心，原油、成品油、天然气、化工产品国际贸易和海运业务快速发展，贸易范围遍及全球 80 多个国家和地区，2021 年实现贸易量 4.9 亿吨油当量，贸易额 2304 亿美元。海外已建成中亚、中缅、中哈等长输油气管道项目，管道总里程达到 14996 千米，2021 年输送原油 2087 万吨，天然气 514 亿立方米，在全球 55 个国家开展物探、钻井、测井、录井、井下作业、海洋工程等油田技术服务。

图 6.5　中国石油在俄罗斯参与的亚马尔 LNG 项目

中国石化的国际业务

作为中国第二大国有石油企业的中国石化集团，海外业务也已经拓展到美国、加拿大、英国、伊朗、尼日利亚、沙特阿拉伯、安哥拉、埃及等多个国家和地区（表 6.2），同时在炼化、贸易等领域形成了自己的发展特色。截至 2021 年底，公司在全球 23 个国家拥有 46 个境外油气勘探开发项目，海外权益原油产量 2829 万吨、权益天然气产量 100 亿立方米；国际贸易方面，2021 年全年油气国际贸易经营总量 3.81 亿吨，原油经营量 3.42 亿吨，成品油出口 1468 万吨，全年进口 LNG 2075 万吨。石油工程服务方面，在境外35个国家执行项目合同共计339个，合同总额169.7亿美元；炼化工程服务方面，在15个国家执行炼化工程项目共计57个，执行合同总额59.90亿美元。

表6.2 中国石化境外业务所在国家及地区

洲及地区	国家及地区
非洲	阿尔及利亚、埃及、安哥拉、刚果（布）、吉布提、加纳、加蓬、喀麦隆、科特迪瓦、肯尼亚、毛里求斯、莫桑比克、南苏丹、尼日尔、尼日利亚、苏丹、乌干达、乍得、中非
欧洲	阿尔巴尼亚、德国、俄罗斯、荷兰、土耳其、西班牙、英国
亚洲（除中东地区以外）	巴基斯坦、菲律宾、哈萨克斯坦、韩国、马来西亚、蒙古国、孟加拉国、缅甸、日本、斯里兰卡、泰国、土库曼斯坦、文莱、乌兹别克斯坦、新加坡、印度、印度尼西亚、越南、中国澳门、中国台湾、中国香港
中东地区	阿拉伯联合酋长国、阿曼、卡塔尔、科威特、沙特阿拉伯、叙利亚、也门、伊拉克、伊朗
北美洲	加拿大、美国、墨西哥
拉丁美洲	阿根廷、巴西、玻利维亚、厄瓜多尔、哥伦比亚
大洋洲	澳大利亚、新西兰

数据来源：中国石化集团公司年报。

中国海油的国际业务

成立于1982年的中国海洋石油集团，是中国最大的海上油气生产商。经过30多年的改革与发展，中国海油已经由一家单纯从事油气开采的上游公司，发展成主业突出、产业链完整、业务遍及40多个国家和地区的国际能源公司。2013年2月26日，中国海油以151亿美元收购了总部位于加拿大艾伯塔省的尼克森公司，这是中国企业迄今成功完成的最有影响力的海外并购之一。截至2021年底，中国海油油气勘探开发业务遍及英国、美国、加拿大、圭亚那等20多个国家和地区，2021年海外原油产量3322万吨，海外天然气产量112亿立方米；工程技术和服务业务以中海油服、海油工程、海油发展为载体，业务遍及全球30多个国家和地区。

6.8 能源转型下石油公司何去何从？

2021年5月28日，道达尔宣布经股东大会批准，公司名称将由"道达尔（Total）"更名为"道达尔能源"（TotalEnergies）。全新的LOGO包括7种颜色的多个形象，每一种颜色代表一种不同的能量形式，包含石油、天然气、电力、氢能、生物质能、风能和太阳能（图6.6）。从道达尔更名道达尔能源，就足以显示这家享有声望的传统石油公司具有向多元化能源公司进行战略转型的决心，而公司也期望到2030年成为全球前五名的可再生能源公司。其实，在能源转型的浪潮下，道达尔的举动仅是冰山一角，越来越多的石油公司正在积极转型，应对广泛的气候压力。

图6.6 道达尔能源公司标志及七种颜色示意

在巨大的去碳和减碳压力下，石油公司作为能源行业的主要参与者，顺应清洁低碳化的发展趋势，积极谋划能源转型，寻求新的业务增长点（图6.7）。为了向公众展示其应对气候变化的决心，国际石油公司纷纷公开设定了减排目标，这些目标既有对未来某一时间点的温室气体绝对排放量进行限制的总量目标，又有限制企业每单位产出的温室气体排放量的强度目标。例如，道达尔能源提出在2050年之前，全球业务实现净零排放，到2050年全球客户所使用能源产品的平均碳排放强度降低60%或以上。

在转型路径上，国际石油公司各具特色。以雪佛龙、埃克森美孚等为代表的美国石油巨头，仍以传统油气业务为发展重点，形成"大石油"发展模式。一方面利用新技术降低生产过程中的碳排放，并加强碳捕集、利用和存储，另一方面则积极发展天然气和LNG等低碳化石能源，但是在新能源领域却鲜有动作。与之不同的是，碧辟、埃尼、荷兰皇家壳牌、道达尔等欧洲石油巨头，除了在传统油气领域强化低碳外，同时拓展太阳能、风能、生物燃料等新能源，并参与电力传输、电动车等业务，形成"大能源"的发展模式。虽然不同石油公司对于如何发展新能源存在一定差异,但都一致把天然气放在非常重要的地位。碧辟、道达尔能源和埃尼计划在 2030 年至 2035 年间,将公司天然气产量占比提升至 60% 左右;荷兰皇家壳牌公司提出,2040 年公司天然气业务占比要提升至 75% 左右。

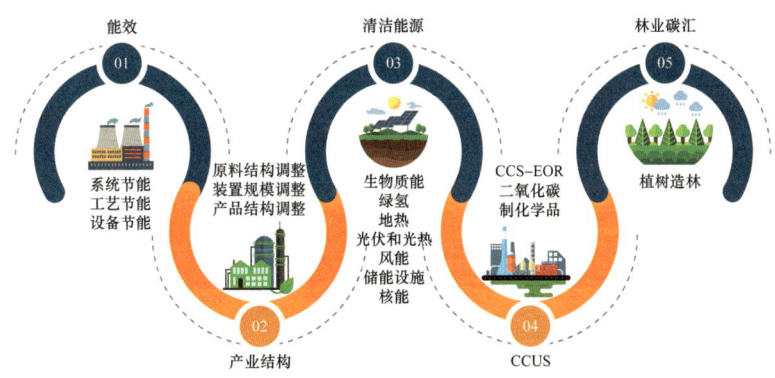

图 6.7　能源行业碳减排路径

在转型目标下,石油公司传统油气业务受到前所未有的挑战,不仅在投资力度上被不断弱化,在公司产品结构中的地位也不断下降,一些转型激进的公司更是宣布油气产量进入下降通道。碧辟公司宣布油气相关资本支出由 2019 年的 130 亿美元左右降至 2025 年的 90 亿美元左右,每年在低碳领域的投资则从 5 亿美元增加到 50 亿美元左右,同时提出 2030 年所有子公司油气产量较 2019 年下降约 40% 的目标。尽管如此,油气业务依然是公司重要的收入来源,公司也需要油气收入为转型目标提供资金支持。

随着越来越多的公众和政府对气候变化投入关注,石油公司能源转型的压力必将水涨船高。但我们可以看到,经历了百年风云的石油公司,也正在发生蜕变,在能源转型浪潮下积极为人类能源供给做出更多的贡献。

6.9　石油公司 50 强

2021 年 11 月 13 日,美国《石油情报周刊》(简称 PIW)公布了 2021

年世界最大 50 家石油公司综合排名，这是该刊连续第 35 年公布这一排名。《石油情报周刊》是美国能源情报集团（Energy Intelligence Group）出版的一份石油产业方面的杂志，每年发布全球 50 大石油公司排名，排名指标包括石油储量、天然气储量、石油产量、天然气产量、炼油能力、油品销量六项指标，具有较高的权威性（图 6.8—图 6.11）。综合排名前 5 的依次是：沙特阿拉伯国家石油公司、伊朗国家石油公司、中国石油天然气集团有限公司、埃克森美孚公司、碧辟公司。其中前三位均为国家石油公司。

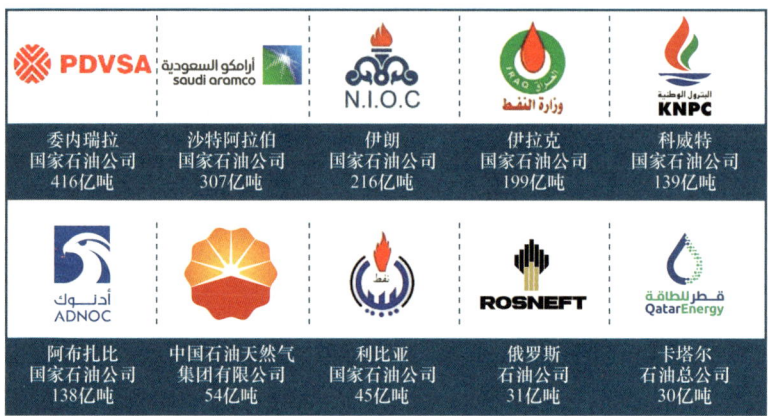

图 6.8 石油公司石油储量前十排名

图 6.9 石油公司天然气储量前十排名

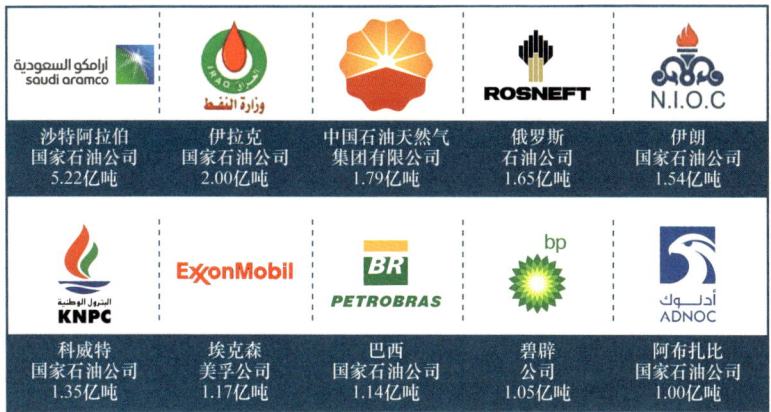

图 6.10　石油公司石油产量前十排名

图 6.11　石油公司天然气产量前十排名

中国石油的综合排名位列第 3 位，至今已连续 20 年位居世界 10 大石油公司行列；中国石化位列第 19 位，中国海油位列第 29 位。

七　多方博弈的国际石油合作

　　资源禀赋的显著差异及油气行业的资金密集型和技术密集型特点，决定了国际合作是石油工业发展的必然选择。资源丰富的国家往往缺乏资金和技术，而拥有先进技术和雄厚资金实力的国家，多数又资源匮乏。资源国政府、国家石油公司与国际石油公司通过国际合作，实现了油气资源的高效开发，共同推动了油气行业向前发展。在石油工业的合作开发历程中，各方围绕权利和义务展开博弈，催生了租让制合同、产品分成合同和服务合同等在风险分担和利益分成方面各具特色的合作模式。石油公司在油气勘探开发不同阶段分别对项目进行评价，相机决策，通过不同方式与其他石油公司合作共同参与油气项目；资源国则立足油气资源，根据自身优势与劣势选择合同模式，与石油公司合作开采油气资源，资源国还会根据油价变动动态调整财税条款，调整双方收益。中国是油气行业重要的参与国，建国初期，中国工业基础薄弱，通过"引进来"战略建立了完善的石油工业体系，又通过"走出去"战略和"一带一路"倡议走向国际，参与众多油气项目，获得了大量权益油，为保障中国能源安全做出重大贡献。

7.1　为什么油气行业需要国际合作？

漫长的石油工业史，总能看到不同国家的石油公司在同一个项目中广泛合作，分享油气资源带来的收益。20世纪以来，巴西深水领域不断取得发现，吸引了荷兰皇家壳牌、埃克森美孚等一众石油公司的广泛参与。2019年11月，在巴西能源局举行的布兹奥斯区块招标中，由中国石油、中国海油与巴西国家石油公司组成的联合体成功中标。为什么油气行业广泛存在国际合作？事实上，正是不同国家油气资源的禀赋差异，以及油气行业的高投资、高技术水准特征，驱使不同资源国开展大量的国际合作。

石油是影响一国经济命脉的重要资源，各国发展均需要足够多的油气资源支撑。然而，不同国家油气储量差异显著。在石油方面，2020年，全球约有1/5的原油探明储量分布在委内瑞拉，另有1/6的原油分布在沙特阿拉伯，全球超87%的原油分布在前十大储油国中；在天然气方面，俄罗斯天然气探明储量占比接近1/5，伊朗天然气占比略超17%，世界前十大储气国探明天然气储量占比约为81%。由此可见世界各国油气资源禀赋差异显著。资源禀赋的差异性使匮乏油气资源的国家需要积极参与国际油气合作，获得海外权益油气资源，用以保障能源安全。

油气勘探开发具有高投资、高技术水准、高风险、长回收周期等特征。从开始寻找油气田到生产油气产品需要经过地质勘查、物探、钻井、录井、测井、固井、完井、射孔、采油（气）、修井、增采、运输、加工等诸多环节，以上每一环节都需要巨大的人力、财力和物力的投入。打探井是油气田勘探过程中必备的环节，其费用巨大但是也仅占整个投资的一小部分，例如中原油田在东濮老区打一口探井需要1500万元，在普光探区打一口探井需要上亿元，而大中型的油气田勘探开发投资往往高达数十亿甚至上百亿美元。作为世界最大的深海整装油田，布兹奥斯项目最大水深接近2100米，总投资额超过400亿美元。

随着常规油气资源开发殆尽，油气藏越来越深，部分深度达到8000米；

油气资源也由常规油气资源转变为非常规油气资源；开发环境也更加恶劣，大量油气藏位于戈壁滩、沙漠、超深水中，这使油气田开发所需的技术也越来越高，如中国专门研发了981深水半潜式钻井平台用于开发超深水油气资源。勘探开发还具有高风险特征，即使拥有先进的勘探设备和经验丰富的专家，也无法保障油气藏一定是商业发现。此外，油气勘探开发周期往往可达30年左右，长周期将增加投资，提高风险暴露程度。勘探开发的特征使石油参与方更倾向于借助合作来共享技术、共担投资和风险。

沙特阿拉伯石油资源丰富，常年出口原油使其积攒了丰厚的资金，但由于现有油田较易开发，致使其缺乏先进的开发技术，因而需要借助其他参与方技术开发新油田。土库曼斯坦拥有全球7.2%的探明天然气，但缺乏资金，也缺乏相应的开采技术，同样需要与其他国家合作。日本缺乏油气资源，但资金较为丰厚，且掌握了一定的先进技术，因而，日本积极参与国际油气开发，在不同产油国都积极参与油气田勘探开发项目。中国有一定的油气资源储量，也掌握一定的资金与技术，但一些资源开发难度高，为共担投资、降低风险，中国同样开放油气田，与其他参与方共同开发（图7.1）。例如，中国海油同外国公司一起成功建成了埕北油田、涠洲10—3油田、惠州油田群等一大批合作油气田，这些合作油田贡献了我国接近50%的海洋油气产量，有力支撑了中国海洋石油工业的高效、高速发展。

图7.1 荔湾3-1气田——中国第一个大型深水气田
注：中国海油与加拿大Husky公司合作开发

7.2 国际油气合作模式演化过程中国家与石油企业扮演什么样的角色？

国际油气合作模式可划分为租让制、产品分成制和服务制三大类，不同合作模式是不同时代背景下的产物，资源国主要依据自身特征和偏好选择适合自身的合作模式。

◼ 租让制合作模式

租让制属于特许经营模式，在此模式下石油公司对矿区具有管辖权，石油公司通过生产油气资源获取利益，资源国则通过矿税和税收获得收益。租让制合同的起源可追溯至19世纪初美国的石油繁荣时期，随后因碧辟公司的发展而盛行于全世界。

丘吉尔成为英国海军大臣后，意识到油驱轮船比蒸汽轮船更先进。为保障英国海军的战备优势，丘吉尔认为必须获得充足的石油资源，因而他将目标瞄准到碧辟公司的前身英波石油公司，通过注资的方式获得了该公司51%的股份，并利用低价购置等方式获得大量原油。其他资本强国也纷纷效仿英国，与殖民地政府签署租让制合同，攫取石油资源。

租让制产生于帝国主义盛行的时代，处于劣势地位的资源国将油气田管理权完全转移给石油公司，仅能通过税收和矿税分得部分收益。后期随着资源国的独立，租让制有所改革，但石油公司拥有资源所有权这一核心理念并未发生变化。目前，产权明晰或资源不确定性高的资源国倾向于采用租让制合同。

◼ 产品分成制合作模式

产品分成制属于合同经营模式，在此模式下油气资源的所有权重新归资源国所有，项目产生收益后，石油公司可回收生产成本，剩余收益双方按照协议进行分配。

产品分成合同是由印度尼西亚国家石油公司在1966年提出的。印度尼西亚政府认为租让制合同是帝国主义和殖民时代的遗留问题，为完成资源国有化，印度尼西亚借鉴了本国农场主与佃农间针对农作物的分配模式，提出了油气行业中的产品分成的概念。1967 年，为开发西爪哇近海区块，印度尼西亚与美国财团签订了产品分成合同，这一事件使更多产油国了解并开始学习产品分成合作模式。目前，资源风险适中且资源国有化程度高的产油国倾向于采用产品分成合作模式。

服务制合作模式

服务制同样属于合同经营模式，在此模式下油气资源的所有权归资源国所有，石油公司仅为服务商，在油气田产生收益后，可回收其勘探开发成本，获取约定的报酬费。20 世纪 80 年代末、90 年代初，部分拥有丰富油气资源的产油国一方面期望继续提高资源所有权，另一方面则期望借助国际石油公司资金及专业技能开发油气资源，因而提出了服务合同模式。目前，资源风险小的国家倾向于采用服务合同，如伊拉克、科威特等国。2009 年伊拉克油气田重新对外开放，伊拉克地质风险和资源风险低，且招标的部分油气田是已开发油气田，因而，伊拉克在招标过程中根据油气区块的状态采取了不同形式的服务合同。

7.3　矿税制合同下国家与石油企业之间如何分配利益？

从石油工业早期至 20 世纪 60 年代，国际油气合作中最通用的合作模式是传统租让制。随着资源国逐步将资源国有化，产品分成合同和服务合同等合作模式开始出现在国际油气合作中，与租让制共存，传统租让制也逐渐被现代化租让制（即矿税制）取代。

矿税制合同的发展历程

租让制合同的历史可追溯到 19 世纪初美国呈现石油繁荣时期，并随着碧辟公司的壮大而在全世界盛行。碧辟公司的前身是英国人威廉·诺克

国民经济的命脉——石油经济

斯·达西创立的一家小石油公司,该石油公司在 1901 年与伊朗政府签订了租让制协议。当时石油只是小众商品,伊朗政府并未意识到石油资源的价值。1905 年英属缅甸石油公司收购了达西的公司,将其更名为英波石油公司,随后该公司在伊朗发现了大量原油,但一方面当时原油市场有限,且竞争激烈,另一方面伊朗石油含硫量高,难以制成煤油,因而险些因销售不力而破产。丘吉尔上台后,意识到石油作为燃料的价值,收购了英波石油公司过半股权,用于满足英国军舰用油的需求,碧辟公司因此快速发展,租让制也开始快速传播。20 世纪 60 年代后,诸多资源国独立,为提高资源国对油气资源的掌控,合同制合作模式诞生,传统租让制也开始逐渐转变为矿税制(图 7.2)。相较租让制,矿税制限制了合同区域范围,缩短了合同期,增加了有关滑动矿税的条款。外国石油公司对油气区块拥有勘探、开发和生产的专营权,对生产的油气拥有所有权;资源国可做出参股的决定,且资源国对外国石油公司的决策具有审查和监督权。

图 7.2 矿税制合同

▚ 矿税制合同模式下收益分配

矿税制合同的核心理念是石油公司对油气区块具有管辖权,并对生产出的油气资源具有所有权,资源国则通过矿税和其他税费获得收益。具体而言，在矿税制合同模式下，石油公司将生产出的油气资源销售产生收益后，首先需要向资源国政府支付矿区使用费，支付矿税后的剩余收益可供石油公司进行成本回收（主要包括操作成本、折旧、折耗、摊销等）；随后，资源国以回收成本后的剩余收益为税基，向石油公司征缴石油附加税、所得税等税收，缴纳税收后的收益归石油公司所有（图7.3）。

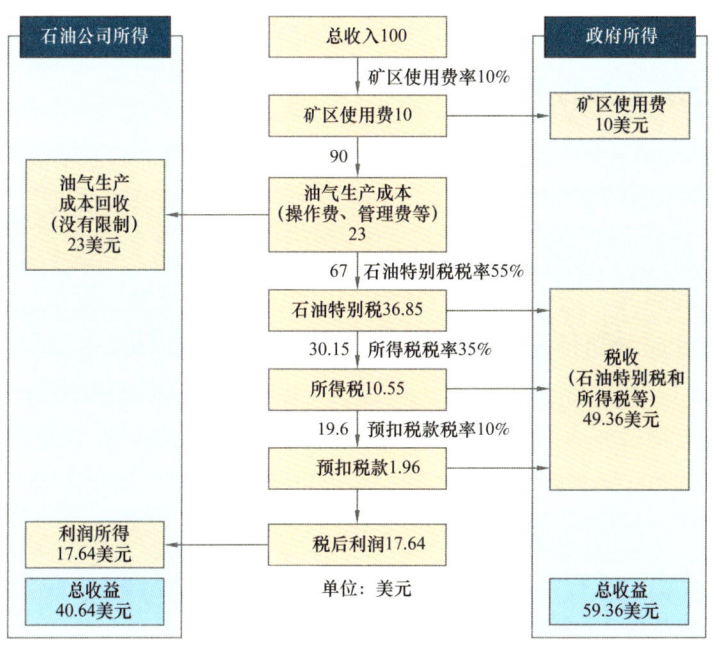

图7.3 矿税制合同模式下项目收益分配图
注：油气生产成本回收23美元是假定值，并非计算出来的数值

矿区使用费是矿税制合同的核心财税条款。按照费率是否固定可将其划分为固定制和滑动制，其中，固定制是指矿区使用费率不变，滑动制则是指矿区使用费按产量、R因子等因素分级划定。此外，矿区使用费还与油品类型、开发条件等（如水深）相关。

> **小贴士**
>
> R因子为税后累计收入与累计投入之比，具体计算公式为R=（累计前期费回收+累计试验费回收+开发投入回收额+累计分成产品收入）/（累计前期费投入+累计试验费投入+累计开发投入），反映着石油企业的投入产出效率。

7.4 产品分成合同下国家与石油企业之间如何分配利益？

20 世纪中期开始，随着殖民地纷纷独立、资源国有化及世界各国石油工业的快速发展，国际石油合同从形式、内容和类型等各方面都有了实质性的转变。为提高资源国对油气资源的掌控，产油国废弃了租让制合同，提出了产品分成合同。

▋ 产品分成合同的发展历程

20 世纪 60 年代，为破除租让制下石油公司垄断地下油气资源的所有权，印度尼西亚提出了产品分成合同。产品分成合同是由印度尼西亚国家石油公司（Pertamina）的创始人 Ibnu Sutowo 提出的，他借鉴了农场主与佃农之间产品分成的概念，这一模式在当时的印度尼西亚农业中十分常见。世界上首个产品分成合同是由 Pertamina 与加拿大石油公司 Asamera 签订的，共同开发北苏门答腊的陆上区块。令产品分成合同真正声名大振的是 1967 年印度尼西亚政府与美国财团 IIAPCO（Indenpent Indonesian American Petroleum Company）签订的合同，它们共同开发西爪哇海上区块。由于产品分成合同简单明了，且产油国与石油公司共担勘探生产风险，对资源国与石油公司都有益处，产品分成合同在南美、亚洲和中东等地区开始盛行，越来越多的发展中国家开始采用产品分成合同。

▋ 产品分成合同模式下收益分配

产品分成合同的核心是资源国掌握油气区块所有权，资源国与石油公司共同进行勘探开发，共担风险且分享产出油气的所有权。具体而言，产品分成合同模式下，油气项目产出并销售油气资源获得收益后，石油公司可首先从销售收益中回收成本，但回收存在上限，当年未回收的成本可累积至下一年回收。石油公司回收的成本是成本油，销售收益中剩余的部分被称为利润油。石油公司回收成本后，资源国与石油公司按照事先约定的利润分配比例对利润油进行分配；此外，石油公司还需向资源国政府缴纳所得税等税收（图 7.4 和图 7.5）。

七 多方博弈的国际石油合作

成本回收限制和利润油分成比例是产品分成合同的核心财税条款。成本回收限制是指每年油气销售收益中仅有一部分可用于回收费用，当年未回收的费用可结转至下一年继续回收，成本回收限制条款可保障资源国和产油国每年都可获得一定收益。利润油分成比例

图 7.4 产品分成制合同"共享"

则是指扣除回收的成本后剩余的油气销售收入的分配比例，分配比例往往与产量、R 因子和投资回报率等参数挂钩。

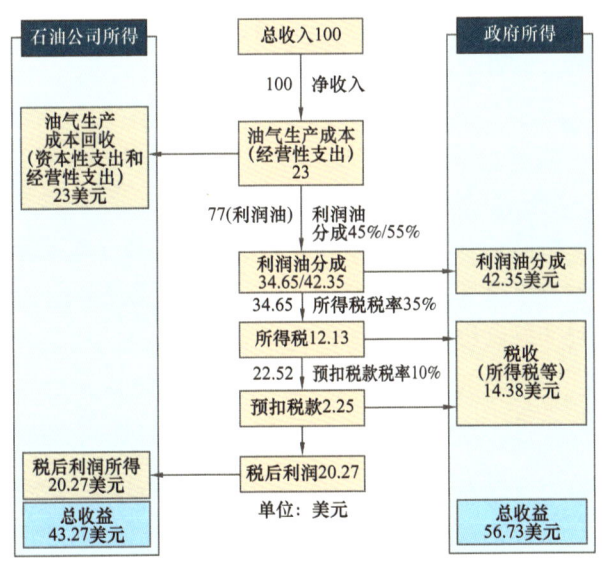

图 7.5 产品分成合同模式下项目收益分配图
注：油气生产成本回收 23 美元是假定值，并非计算出来的数值

此外，为提高资源国收益，很多资源国也在产品分成合同中设定了矿区使用费，形成了混合合同模式。该模式的本质更接近于产品分成合同，油气区块所有权归资源国所有，产出的油气资源由资源国与石油公司共享，但石油公司还需额外向资源国缴纳"土地使用费"——矿税。

149

7.5 服务合同下国家与石油企业之间如何分配收益？

20世纪中叶后，随着资源国对油气资源越发重视，且话语权不断提高，不同形式的国际合作模式开始纷纷呈现，如纯服务合同、风险服务合同、回购合同等，其中，纯服务合同和风险服务合同组成服务合同（图7.6）。

图7.6 服务合同

▰ 服务合同的发展历程

资源国独立后，一方面期望借助石油公司的资金、技术等优势完成勘探开发目标，另一方面，还期望牢牢掌握油气资源所有权。为此，资源国开始尝试除产品分成合同以外的其他合同模式，服务合同模式和回购合同模式应运而生。委内瑞拉、科威特、伊朗等国分别在1991年、1992年和1995年签订了首个服务合同。随后，伊拉克、墨西哥、玻利维亚、厄瓜多尔、土库曼斯坦等国在勘探开发其油气资源时开始选择与石油公司签订服务合同。1997年，为进一步提高国家对油气资源的控制权，伊朗提出了回购合同。回购合同是一种特殊的服务合同，在该模式下，资源国和石油公司更加关注建设投资，并依据建设投资大小获得投资报酬。

服务合同模式下国家与石油公司的收益分配

服务合同可划分为纯服务合同和风险服务合同，而回购合同同样可视为一种特殊的风险服务合同。服务合同模式下，所有发现的油气资源归资源国所有。具体而言，纯服务合同又可被称为技术服务合同，在此模式下，石油公司本质上为资源国提供技术，资源国则提供资源和勘探开发所需的资金，开采出的油气资源完全归资源国所有，石油企业仅获得技术服务费，纯服务合同在中东等资源和资金丰厚的地区采用。

相较纯服务合同，风险服务合同下石油公司额外承担勘探风险，若没有商业发现，石油公司自担损失；若有商业发现，石油公司则可以从油气销售收益中回收其勘探开发成本，并获得服务报酬。报酬形式包括现金和油气资源两种形式。该模式一般适用于勘探风险较低或油气田潜在规模较大的地区，如阿根廷、巴西、委内瑞拉、智利等拉美国家及菲律宾、伊朗、伊拉克等国。

回购合同可视为分阶段的风险服务合同，但在开发阶段决定报酬费的因素是石油公司实际投资量。在此模式下，石油公司首先进行油气勘探，石油公司须至少完成约定的义务工作量和投资要求，若没有商业发现，石油公司自行承担损失；若有商业发现，则资源国为石油公司提供报酬，并由资源国决定是否开发。若资源国决定开发，会重新进行招标，原先石油公司享有同等优先中标的权利，资源国会与新中标者签订服务合同（图7.7）。两阶段回

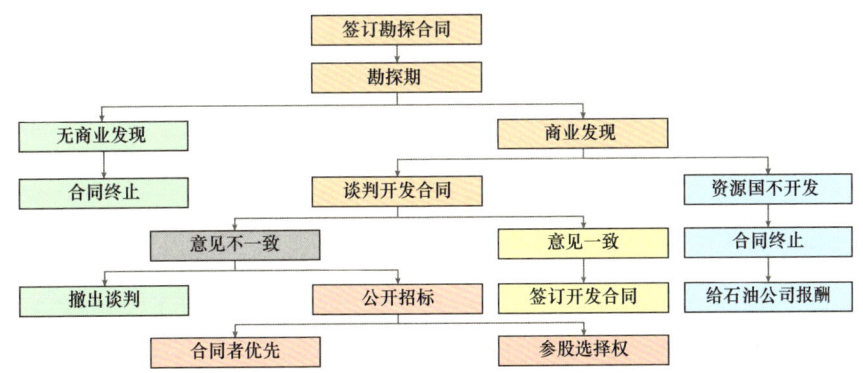

图 7.7　两阶段回购合同流程图

购合同模式下，石油公司承担风险高，且不能保证一定成为开发阶段参与者，石油公司参与积极性不高，为此，回购合同又演化出了勘探开发一体化模式和勘探开发生产一体化模式。

三种模式下，资源国和石油公司收益分配较为接近：油气项目产生收益后，首先由石油公司回收成本；随后，资源国向油气企业支付服务报酬费，剩余收益归资源国所有。此外，油气企业还需向资源国缴纳所得税（图 7.8）。

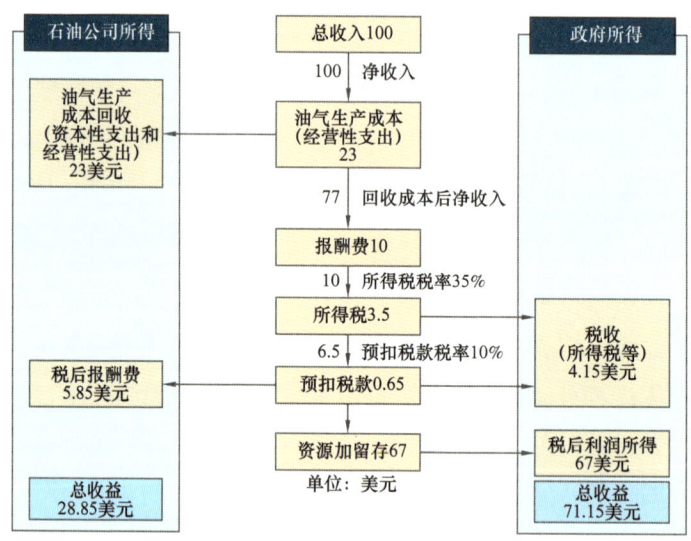

图 7.8 服务合同模式下项目收益分配图
注：油气生产成本回收 23 美元是假定值，并非计算出来的数值

7.6 如何评价油气项目的好坏？

油气项目是长周期、多阶段、多主体参与的工程项目，不同石油公司对油气项目的评价标准与它们的战略目标相关，与油气项目所处阶段相关，也与技术特征相关，这使不同石油公司对同一项目的价值认知有所差异。下面，我们将按照油气项目所处阶段简述不同石油公司对油气项目的评价方法（图 7.9）。

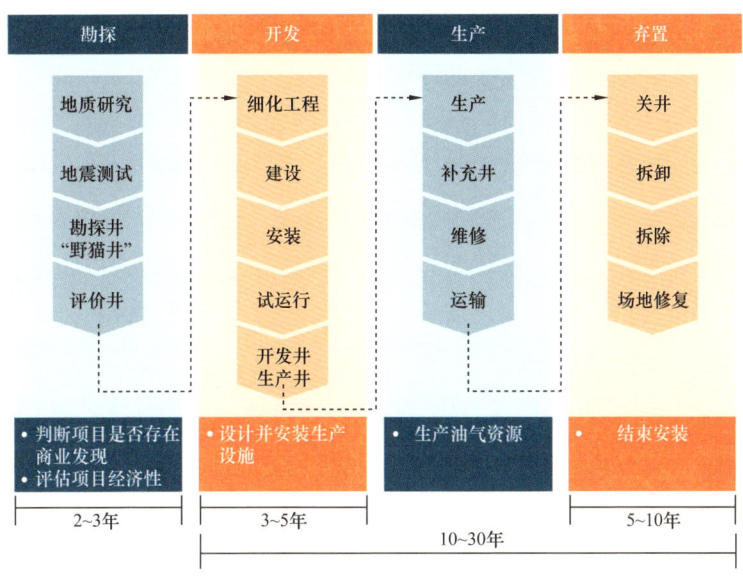

图 7.9 典型油气田开发全生命周期

对石油公司而言，勘探阶段首要目标为寻找可开发的油气资源，资源量越高对石油公司越有利；其次，石油公司还会考察该区块的经济性。不同石油公司的战略目标将影响石油公司对以上两个目标的认知：对缺乏油气资源的进口国的国家石油公司而言，石油企业更加关注资源的可获得性，资源量的高低和项目经济性对它们的影响相对较低，因而，它们可能会参与储量规模较小或经济性较差的勘探项目，如中国的三家国有石油公司频频参与非洲国家的油气勘探项目；对国际石油公司，如埃克森美孚、碧辟等公司，它们的主要目标是寻求高储量、高收益项目，因而，当它们认为勘探项目储量规模较小或经济性较差时，就会退出项目，或将勘探权转卖给其他石油公司。此外，石油公司的技术能力同样影响着它们对勘探项目价值的认知。目前，除了常规油气资源，还有很多非常规油气资源，如超深水、油砂、页岩油（气）等，非常规资源的勘探难度高于常规资源，如超深水勘探作业时需克服海床的不稳定地质因素、浮动状态下的井控问题等。只有当石油公司掌握非常规油气资源的勘探技术时，这些项目对石油公司才是有价值的，它们才会选择参与非常规资源的勘探项目。

对石油公司而言，开发和生产阶段的主要目标是保持高产量，油田产量越高越吸引石油公司。类似于勘探项目，不同企业的战略目标和技术水准同样影响石油公司对开发项目的评价。对国际石油公司而言，它们倾向于选择产量规模较大、处于开发初期的项目参与，以获得更高的收益；而对缺乏资源的进口国国家石油公司而言，为顺利参与开发项目，获得权益油气资源，它们会选择竞争较小、容易获取的开发项目参与，如中国的石油公司参与缅甸油气田开发项目。同样地，只有当石油公司具有开发某种油气资源的能力时，它们才会认为这类油气资源的开发项目具有价值，如页岩油（气）资源开发时需要利用水平井和水力压裂技术，对未掌握这一技术的石油公司而言，页岩油（气）的开发项目对其吸引力不大，如2014年马来西亚国家石油公司将其在加拿大页岩气资产中的25%的股权出售给了一家印度公司和一亚洲天然气买家。

7.7 石油公司间的竞争与合作格局是如何演化的？

参与国际油气合作的石油公司按照是否由国家控股可划分为国家石油公司和国际石油公司。国际石油公司一般指大型一体化跨国石油公司，它们的业务范围遍布全球不同产油国，具有综合一体化、先进的管理理念和技术水准、丰富的项目参与经验等优势，是国际油气市场的重要参与方。国家石油公司则是由国家控股，以实现国家战略目标为使命的石油公司。国家石油公司立足于资源国国内资源和市场，通过一体化方式，开拓国外市场，通过参与国际油气项目获取权益油气资源或收益。除追求经济效益外，国家石油公司还需支持国家经济发展，维护国家能源安全，与国家战略保持一致。随着国家石油公司的发展，国家石油公司同样成长为具有雄厚资金、先进技术和管理模式的大型跨国石油公司，与国际石油公司共同在国际油气市场竞争、合作。

从现代石油工业启蒙到 20 世纪 50 年代，以"石油七姊妹"为代表的国际石油公司是国际油气市场的绝对霸主，垄断了绝大多数油气资源。这段时间内大量产油国仍是资本强国的殖民地，除阿根廷国家石油公司外，鲜有其他的国家石油公司。为数不多的国家石油公司也主要通过与国际石油公司合作学习技术、积攒资金和经验等，无力与国际石油公司竞争。

20 世纪中叶后，大量资源国脱离殖民统治。为了与国际石油公司竞争，很多资源国通过国有化、友好协商、工业改革等手段成立了国家石油公司。它们一方面作为资源国代表，与国际石油公司通过合资经营、联合作业等方式，共同开发资源国内油气资源，如 1997 年，中国石油、马来西亚国家石油公司、印度石油天然气公司和苏丹国家石油公司共同开发苏丹国内油气区块；另一方面，在国际油气市场中与国际石油公司竞争油气项目，或通过项目合作、竞标联合体、战略联盟等形式与国际石油企业合作参与油气项目，如 2021 年巴西举行第 17 轮许可证招标过程中，荷兰皇家壳牌与哥伦比亚国家石油公司联合投标并中标，共同开发巴西海上盆地某区块。国家石油公司参与大量油气项目后，累积了丰厚的资金、先进的技术和管理理念等，加之其具有较为丰富的储量，竞争力不断加强，部分国家石油公司已具有和国际石油公司竞争的实力。部分国家石油公司在跨国经营方面也十分优秀，形成了"国际化的国家石油公司"，如马来西亚国家石油公司、艾奎诺公司、中国的三家国有石油公司等，"国际化的国家石油公司"与国际石油公司的差异仅体现在控股权和战略目标方面，业务范围和经营地域基本无差别。

7.8　石油公司如何获取油气资产？

对石油公司而言，油气资产是它们最重要的资产，因此，如何获得油气资产对油气公司而言十分重要。油气资产又可划分为勘探资产和开发资产，两种资产的获取方式略有差异。

勘探资产获取方式

油气勘探资产的获取方式主要包括区块招标和并购两种方式。招标方式可比喻为获得油气资源的"一手方式",它可划分为交定金式投标和竞标:交定金式投标是指竞标的油气企业向资源国缴纳定金后,各自进行一次密封报价,报价最高者获得区块的勘探权,这种模式在美国、加拿大和委内瑞拉等国的国际勘探区块中较为常见;竞标是指竞标的油气企业通过多轮公开报价方式获得油气区块的勘探权,这种模式在美国的部分州和陆上勘探区块,以及一些私营的勘探区块上较为常见。

并购方式可比喻为获得勘探资产的"二手方式",它可划分为资产并购和公司并购两种方式:资产并购是指在了解油气资产的前提下,石油公司向资产所有者报价,双方通过谈判后决定可否达成并购协议,其目标仅为获得石油公司感兴趣的区块的部分或全部勘探开采权益;公司并购是指公司层面的并购行为,根据并购力度又可划分为参股和整体并购两种形式。参股一般是金融机构参与油气行业的一种方式,由于金融机构缺乏运营油田经验和决策能力,它们可能会购买石油公司股票,分享油气行业红利。对石油公司而言,它们可能会通过整体并购的方式获得其他石油公司油气资产。

开发资产获取方式

油气开发资产的获取方式主要包括并购和绿地投资两种。并购方式与勘探资产获取方式类似,主要包括公司并购和资产并购。对石油公司而言,并购是重要的获取油气资产的方式,每年油气行业都会出现一些并购事件,尤其是当油价较低、经营环境恶劣时,油气行业更可能出现一些大规模并购事件,此时具有实力的大型石油公司期望通过并购方式抄底收购,或者通过并购实现产业的进一步整合。

绿地投资是获得开发资产的"一手方式",它是指油气公司在资源国境内按照资源国的法律设置的部分或全部资产所有权归外国投资者所有的企业。绿地投资有两种投资形式,一种形式是建立国际独资企业,具体形式包括国外分公司、国外子公司和国外避税地公司;另一种形式是建立国际合资企业，其形式有股权式合资企业和契约式合资企业。采用绿地投资方式时，石油公司一般拥有先进的技术和其他垄断性资源，而资源国经济欠发达，工业化程度较低。由于新石油公司可为资源国当地提供就业机会，且增加资源国税收，因此，资源国鼓励石油公司进行绿地投资。

7.9 产油国财税政策与油价有什么关系？

产油国主要依据自身特征和偏好选择合适的财税政策，其财税政策的制定与油价无关，但产油国财税政策与油价周期存在一定的关系。

当产油国的产权为私有制且制度明晰、税收政策完善时，产油国倾向于采用矿税制作为基础财税条款。此时，由于油气资源所有权属于拥有区块的私人、州政府等机构，可通过明晰的产权制度，将资源所有权转移给石油公司。其完善的税收政策可保障拥有所有权的私人、州政府等机构获得应得的报酬。此外，当产油国资源量较低或勘探开发风险较高，对石油企业吸引力不足时，产油国同样倾向于采用矿税制财税条款，用较为宽松的财税政策吸引投资者开发资源。

当产油国的油气资源归国家所有，具有规模较大、资源风险适中的储量，且希望掌握一定油气资源所有权时，产油国倾向于使用产品分成合同作为财税条款。因为在该模式下，产油国和石油公司共担风险、共享油气资源，对双方都可起到激励作用。

当产油国的油气资源归国家所有，具有规模很大、资源风险较低的储量，且希望完全掌握油气资源所有权时，产油国倾向于使用服务合同作为财税条款。因为在服务合同模式下，石油公司本质上是协助产油国建设开采油气资源的服务商，可通过获得较为固定的服务费规避油价波动风险，而开采出的油气资源所有权完全由资源国所有。

对以出口原油为主要收入来源的产油国而言，财税政策决定着该国有多少收入可用于发展经济。对油价而言，财税政策具有顺周期性：当油价上涨时，政府倾向于财税扩张，提高财税条款苛刻性，以获得更多收益；当油价下跌时，政府倾向于财税收缩，放松财税政策，用以激励石油公司。顺周期性将放大油价波动对产油国经济的影响，当油价提高时易使经济过热，当油价降低时易引发经济衰退。

面临低油价冲击时，不同国家的对外合作调整政策及窗口期呈现出了一定的规律：中亚—俄罗斯和拉美地区资源国对外合作政策不稳定，受油价波动影响较大且经常随油价波动而调整，窗口期较短；中东地区部分资源国对外合作政策受油价影响较小，对外合作政策窗口期各异；非洲和亚太的资源国持续吸引外资，传统资源国对外合作政策的窗口期较长，新兴资源国对外合作政策受油价影响小，窗口期较短。

面临高油价冲击时，不同资源国采取的方式有所差异：加强对本国油气资源的控制，通过资源国本国的石油公司开发国内油气资源，将所有收益留在国内，采取这一方式的国家包括俄罗斯和土库曼斯坦；提高税率、新增税种，如提高原油出口关税、矿区使用费、开采税基础税率、所得税、增值税，新增暴利税、伴生气缴税、跨国公司利息税、利润税等，采取这一方式的国家包括委内瑞拉、俄罗斯、哈萨克斯坦、乌兹别克斯坦、伊拉克、伊朗、秘鲁、肯尼亚、埃塞俄比亚、缅甸和以色列等国；提高项目本土化要求，通过法律要求在油气项目实施过程中提高对资源国本国人力、物力和服务的使用率，或要求项目将更多油气资源留给资源国，采取这一措施的国家包括尼日利亚、乌干达、加纳和安哥拉等国。

7.10 国际合作为中国油气行业带来了什么？

国际合作可划分为"引进来"和"走出去"两大战略，国际合作加速了我国石油工业体系的现代化进程，实现天然气行业跨越式发展，保障了我国能源安全；提高了我国石油企业竞争力和科技创新能力；践行了我国"走出去"战略,是"一带一路"建设的主力军。

加速我国石油工业体系建设,保障我国能源安全

新中国成立初期,我国原油产量仅 12 万吨,经过石油会战后,我国初步构建了现代石油工业体系。随后,借助对外合作,我国现代石油工业体系快速成型并迅速发展,成为国民经济重要的支柱。在对外合作中,陆上和海上油田齐发力,尤其是海上油田,中国海油已与来自 21 个国家和地区的 81 家国际石油公司共签订 228 个对外合作石油合同,累计引进外资超 2500 亿元人民币,原油年产量达 5000 万吨,为我国原油供应和能源安全提供了巨大保障。

天然气产业也在对外合作中受益匪浅。天然气原先作为原油生产过程中的伴生物,并不受重视,但随着我国政府愈加重视环境保护及人民日益增长的天然气需求,天然气的消费量及其在一次能源中的消费占比显著提高。其中,LNG 规模化应用、页岩气的勘探与开发等对外合作方式为天然气产业的跨越式发展提供了重要动力。

提高我国石油企业竞争力和科技创新能力

为提高我国石油企业竞争力,更好地与外国石油公司进行合作,中国政府对石油行业进行了改革重组,成立了中国石油天然气集团有限公司、中国石油化工集团有限公司和中国海洋石油集团有限公司三家国有石油公司。三家石油公司积极参与油气对外合作,积极践行"引进来"和"走出去"战略,在短短数十年发展成世界 500 强企业。三大石油公司在油气行业深耕数十载,攻克了众多关键核心技术,创新能力跻身世界前列,贡献了一系列先进的理论、技术和设备,如碳酸盐岩成藏理论、三元复合驱、超低渗透油气藏开发、高温高压钻完井技术、"海洋石油 981"深水半潜式钻井平台、"深海一号"能源站。

成为"一带一路"建设主力军

1993 年,中国的石油企业按照党中央、国务院"充分利用国内外两种资金、两种资源、两个市场"重大战略部署,率先走出去进行海外合作、参与

国际石油市场竞争，2018 年海外油气权益产量突破 2 亿吨。2013 年以来，石油企业积极响应"一带一路"倡议，与共建国家全方位进行油气合作，推动油气业务一体化发展，先后与 24 个国家签订 115 个油气合作项目，成为"一带一路"建设主力军。

7.11 我国石油公司海外油气投资有什么方式？

从 1993 年开始践行"走出去"战略至今，我国石油公司已有近 30 年海外投资经历，也摸索出了诸多油气投资方式，如上下游一体化模式、提供技术服务模式、联合竞标模式、公司收购模式等。

上下游一体化模式

"走出去"战略实施初期阶段，中国的石油公司主要依靠扎实的技术和拼搏奋进的精神开拓国际市场，发挥甲乙方一体化、上下游一体化和勘探开发一体化优势探索出了上下游一体化模式，即除完成勘探开发、建设采油设施外，同时还参与资源国炼油项目、运输管道等工程建设，帮助资源国搭建完善的石油工业体系。依靠这一模式，中国的石油公司先后在苏丹、乍得、尼日尔等国获得油气项目。1997 年，中国石油与其他石油公司共同组建联合作业公司，开始开发南苏丹的黑格里格油田，随后修建了途经喀土穆直达苏丹港的输油管线，并建设了喀土穆炼油厂；2003 年，中国开始进入乍得开展油气勘探开发，开发了多个油田项目，建设了罗科长输管线、恩贾梅纳炼油厂等；2008 年，中国开始帮助尼日尔构建石油工业体系，建成阿加德姆油田、津德尔炼油公司和多条输油管线。

提供技术服务模式

随着中国的石油公司持续不断地参与国际油气项目，积累了一定的资金和丰富的油气项目参与经历，钻研出了先进的技术。借助上述优势，中国的石油公司开始寻找探寻新的投资模式，如通过参与服务合同提供技术服务。

2009年，中国石油和中国北方工业公司联合获得艾哈代布油田勘探开发权，2011年6月投产初期产能；同年11月完成合同规定年600万吨产能建设任务。中国海油作为主承包商拥有伊拉克米桑油田群的技术服务合同63.75%的参与权益，2021年米桑油田群的日净产量约4.1万桶油当量。2021年，中国石化获得伊拉克曼苏里亚气田开发权。

联合竞标模式

随着中国的国有石油公司转变为国际化的国家石油公司，中国的石油企业积极与其他企业组成竞标联合体，共同投资国际油气项目。2009年，中国石油与碧辟公司联合中标伊拉克最大油田鲁迈拉油田的开发权，助力老油田复兴；2013年，中国石油、中国海油以多方联合体形式参与里贝拉油田（Libra）项目，并于2022年成功实现一期投产。

公司收购模式

除通过竞标、绿地投资等方式直接进行油气投资外，中国的石油公司还探索出通过收购进行投资的方式，其中最典型的案例是中国石油收购哈萨克斯坦PK石油公司。2005年，中国石油旗下公司中油国际以每股55美元现金要约购买了PK公司所有上市股份，总收购价值达41.8亿美元。收购之后，中国石油拥有了PK公司在哈国的所有资产，提高了中国石油在哈国地位，有助于中哈两国长期能源合作，也有助于利用中国石油上下游一体化经验进一步完善哈国石油工业体系。

八 相伴而行的天然气经济

天然气作为清洁高效的低碳化石能源，肩负着能源消费结构从化石能源向可再生能源过渡的重要使命，在全球能源转型大趋势下受到越来越多的关注。天然气自身属性的差异，使天然气经济特征别具特色，但又与石油经济相伴而行。区域化是全球天然气市场最突出的特征，北美、欧洲、亚太三大天然气市场相得益彰，而随着液化天然气的发展，全球天然气市场的形成正在加速，各地区的联系更为紧密。与此同时，曾经夸张的亚洲溢价现象，也在现货市场的发展下逐渐减弱。从消费来看，全球40%的天然气用于发电，导致消费受季节影响很大，存在典型的峰谷差，为实现天然气的调峰，储气库的建设变得尤为重要。

8.1 天然气消费的黄金时代已经到来？

2011年，国际能源署在当年出版的"能源展望特别报告"中，提出了"我们是否将进入天然气'黄金时代'"的设想，提出全球天然气消费量在未来25年内可能增长50%以上，到2035年时，天然气需求量将占全球能源总需求量的25%以上。"黄金时代"这一概念出现后得到了广泛传播，天然气产业发展受到前所未有的关注，那么天然气"黄金时代"是否已经到来了呢？

1965—2020年全球主要产气国天然气产量变化视频

全球天然气资源总量十分丰富，供应基础更胜以往。科学技术的进步有力推动了天然气的勘探开发，扩大了天然气的开采范围，再加上采收率的提高，使全球天然气储量在连年加大开采量的情况下不降反增。截至2020年底，全球天然气剩余可采储量188.1万亿立方米，处于历史高位，较2000年增长接近50万亿立方米，储采比48.8（图8.1）。

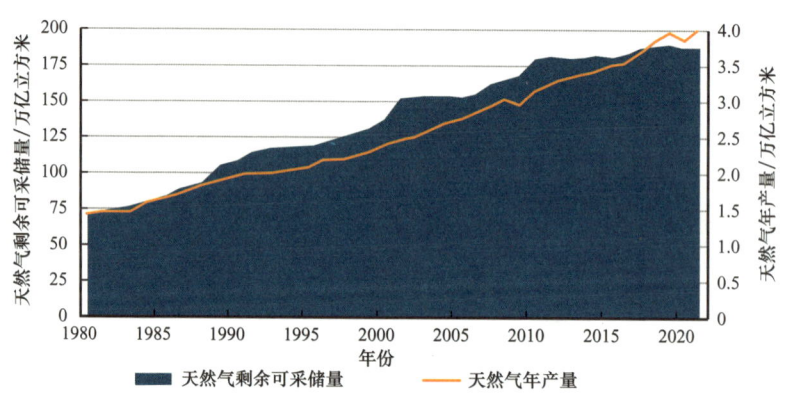

图 8.1　全球天然气剩余可采储量与年产量变化曲线

2021年天然气产量40369亿立方米，创历史最高水平。过去约40年间，全球天然气产量持续增长，1980年至1990年年均复合增长3.26%，1991年至2000年年均复合增长2.00%，2001年至2010年年均复合增长2.75%，2011年至2021年年均复合增长2.2%。

天然气的消费更胜以往。2021年，全球天然气消费首次突破4万亿立方米，达到40375亿立方米。过去约40年间，天然气消费量持续稳定增长，特别是2001年之后的近20年时间，天然消费量由2.4万亿立方米增长至4.0万亿立方米，年均复合增长超过2.4%（图8.2）。

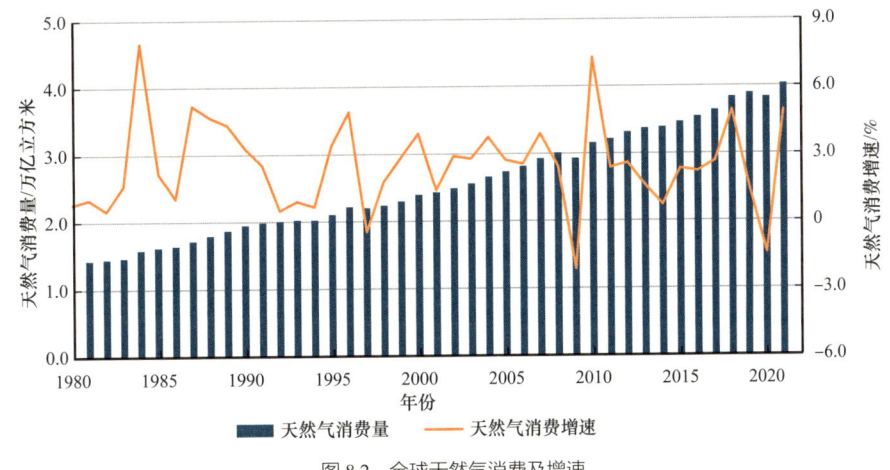

图8.2　全球天然气消费及增速

数据来源：bp《世界能源统计年鉴（2022）》

天然气的政策红利更胜以往。相比于煤炭，同样产生1万大卡燃烧热值，天然气二氧化碳排放量仅有煤炭的54%左右。作为最清洁的化石能源，天然气被认为是能源从高碳到零碳过渡的重要桥梁，获得了更多国家、组织的支持，又一次进入政策机遇期。例如，中国为提高天然气利用水平，2014年来出台与天然气相关的政策文件超过30个，涉及天然气产业链的方方面面，极大促进了天然气产业的发展。

在国际能源署提出天然气"黄金时代"设想之后，天然气的发展并没有实现预期，与2000年至2010年约2.8%的天然气消费量年均复合增长率相比，2010年至2020年的年均复合增长率仅为1.9%。在政策支持下，2018年中国、欧洲等多个国家和地区呈现爆发式增长，全球天然气生产和消费增速均超过5%，一度非常接近"黄金时代"。但这种增长并没有持续，2019年增速即降至1.7%，2020年在新冠疫情影响下消费增速反而下降2.1%，2021年重新增长。

展望未来，天然气生产和消费总量仍将保持增长，国际能源署预计 2019—2040 年天然气年均复合增长率接近 1.2%，远高于石油的 0.3% 和煤炭的 −0.6%，天然气也将超越煤炭成为全球第二大主体能源，发展前景十分乐观。然而，天然气毕竟还是化石能源，在全球碳排放约束日益趋严的背景下，未来要想在低碳乃至零碳世界中要想得到大规模的发展，仍将面临碳排放政策的挑战，同时在成本上也需要进一步提高竞争力。

8.2 全球三大天然气区域消费市场

全球天然气资源十分丰富，但分布极不均衡，主要集中在中亚—俄罗斯地区和中东地区。天然气的自然禀赋决定了其开发、生产、运输、储气、使用等产业链各个环节都更依赖于基础设施。天然气单位容积的热量比石油低很多，在气态下天然气的运输相对更加困难，所以在天然气市场发展初期，区域化的特征十分明显。从全球看，天然气市场包括欧洲、北美、亚太三大区域市场。

1965—2020 年全球主要天然气消费国消费量变化及排名视频

▪ 全球区域天然气资源分布

截至 2020 年底，全球天然气资源量 188.1 万亿立方米，其中，中东地区 75.8 万亿立方米，占比 40.3%；独联体地区 56.6 万亿立方米，占比 30.1%；亚太地区 16.6 亿立方米，占比 8.8%；北美地区 15.2 亿立方米，占比 8.1%（图 8.3）。从国家来看，俄罗斯是第一大天然气资源国，占比 19.9%；伊朗是第二大资源国，占比 17.1%；卡塔尔是第三大资源国，占比 13.1%；其他资源比较丰富的国家还有美国、土库曼斯坦、中国等。

▪ 全球区域天然气产量分布

2021 年，全球天然气产量 4.04 万亿立方米，其中北美地区 1.14 万亿立方米，占比 28.1%；独联体地区 0.9 万亿立方米，占比 22.2%；中东地区 0.71 万亿立方米，占比 17.7%；亚太地区 0.67 万亿立方米，占比 16.6%（图 8.4）。从国家来看，美国是第一大天然气生产国，占比 23.1%；俄罗斯是第二大生产国，占比 17.4%；伊朗是第三大生产国，占比 6.4%；中国是第四大生产国，占比 5.2%。其他天然气产量靠前的国家还有卡塔尔、加拿大、澳大利亚等。

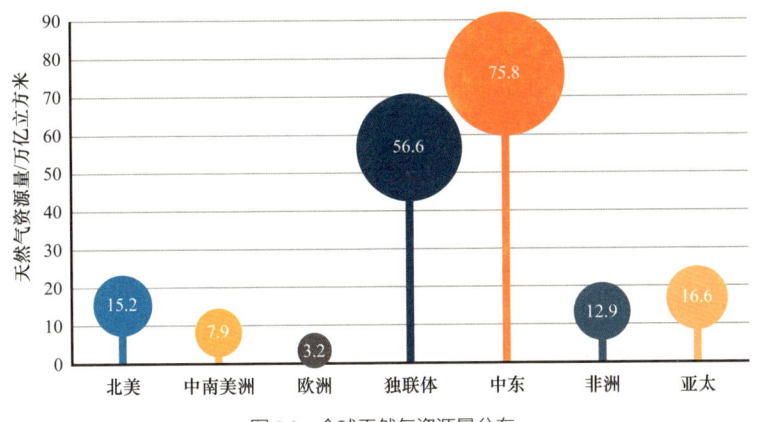

图 8.3　全球天然气资源量分布

数据来源：bp《世界能源统计年鉴（2022）》

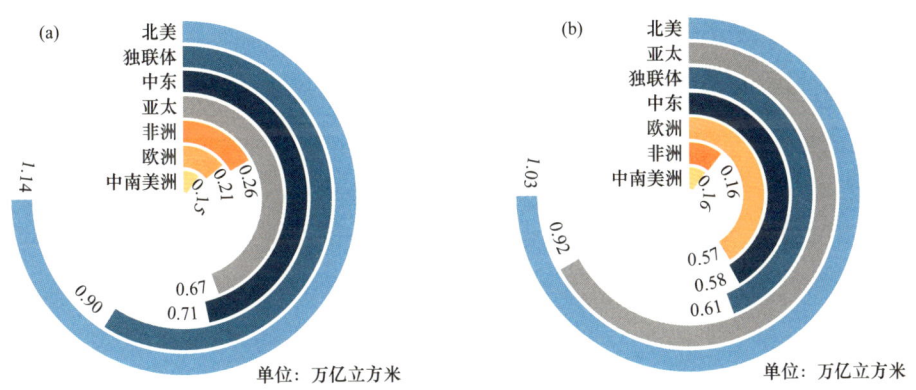

图 8.4　2021 年全球天然气产量（a）、消费量（b）分布

数据来源：bp《世界能源统计年鉴（2022）》

全球区域天然气消费量分布

2020 年，全球天然气消费量 3.82 万亿立方米，其中北美地区占比

27.0%，亚太地区占比 22.5%，中东地区占比 14.4%，欧洲地区占比 14.2%，独联体地区占比 14.1%。

北美天然气市场

北美是全球第一大天然气生产和消费市场，主要由美国、加拿大、墨西哥三个国家组成。该地区管网发达，市场交易也非常成熟，拥有多个天然气交易中心，尤以美国市场最具代表性。2021 年，北美地区天然气产量 11358 亿立方米，天然气消费量 10341 亿立方米。

> **小贴士**
>
> **美国天然气市场**
> 美国是全球最早利用天然气的国家之一，现代世界天然气工业也在美国诞生。2021 年，美国天然气产量 9342 亿立方米，天然气消费 8267 亿立方米，均位居世界第一。截至 2021 年底，美国拥有超过 210 个天然气管道系统，天然气集输管道里程超过 50 万千米，配售和服务管道里程超过 360 万千米；拥有储气库 412 座，总储气能力 2614 亿立方米；拥有 24 个天然气交易中心，其中亨利交易中心也是天然气期货的交割地，形成的亨利价格是全球最主要的天然气基准价格之一。

欧洲天然气市场

欧洲地区天然气市场也十分发达，代表性的国家包括英国、荷兰、德国等。2021 年，欧洲地区天然气产量 2104 亿立方米，天然气消费 5711 亿立方米，存在超过 3000 亿立方米的需求缺口，导致该地区需要常年进口大量的天然气，其中管道气是最主要的进口方式。2021 年，欧洲地区通过管道方式进口天然气 2328 亿立方米，进口液化天然气 1082 亿立方米，主要来自卡塔尔、美国、俄罗斯、尼日利亚和阿尔及利亚。该地区具有发达的天然气交易网络，交易中心多以虚拟交易中心为主，主要有英国 NBP、荷兰 TTF、德国 NCG 和 GPL 等。

亚太天然气市场

亚太地区拥有全球最发达的液化天然气市场，常年需要进口大量的天然气，代表性的国家包括中国、日本、韩国等。2021 年，亚太地区天然气产量

八 相伴而行的天然气经济

6690亿立方米，天然气消费量9183亿立方米；通过液化天然气进口天然气3718亿立方米，通过管道进口天然气742亿立方米。中国是亚太地区最大的天然气消费国和最大的天然气生产国，此外也是全球最大的天然气进口国，总进口量1627亿立方米。

8.3 LNG助推全球性天然气市场的形成

液化天然气（Liquefied Natural Gas，简称LNG），是指气态的天然气在净化和脱除杂质组分后，在常压下，采用节流、膨胀和外加冷源制冷（一般使用 $-161.5℃$）的工艺，冷却至其沸点温度后，凝结形成的低温液体。LNG技术的发展，极大程度改变了天然气依赖管道的运输限制，使全球跨地区、跨大洲的天然气贸易成为可能，并迅速发展，推动天然气市场从区域市场向全球市场转变。

全球天然气贸易

2021年，全球天然气贸易总量达到了10218亿立方米，其中LNG贸易总量达到5162亿立方米，连续两年成为最主要的天然气贸易方式。从增量上看，2021年LNG贸易总量较2000年增长3757亿立方米，而同期管道天然气贸易总量仅增长1183亿立方米。可以说，LNG的发展带动了全球天然气贸易的持续、高速增长。

全球LNG液化能力与出口国

液化是LNG贸易的第一步。截至2022年4月，全球LNG液化能力6250亿米^3/年。澳大利亚近年来液化能力建设实现跨越式发展，已成为全球液化能力最强的国家，总液化能力达到1191亿米^3/年；美国位列第二，总液化能力1171亿米^3/年；卡塔尔位居第三，总液化能力1049亿立方米/年；其他液化能力强的国家还包括马来西亚、阿尔及利亚、俄罗斯、印度尼西亚、尼日利亚等。此外，全球还有大量的LNG液化能力正在建设或通过最终投资决策，包括 2021 年 2 月份卡塔尔通过北方气田近 435 亿米^3/年产能的最终投资决策。

LNG 出口方面，2021 年澳大利亚出口 1081 亿立方米，占比 20.9%，位列全球最大的 LNG 出口国；卡塔尔出口 1068 亿立方米，占比 20.7%；美国出口 950 亿立方米，占比 18.4%；俄罗斯出口 396 亿立方米，占比 7.7%（图 8.5）。

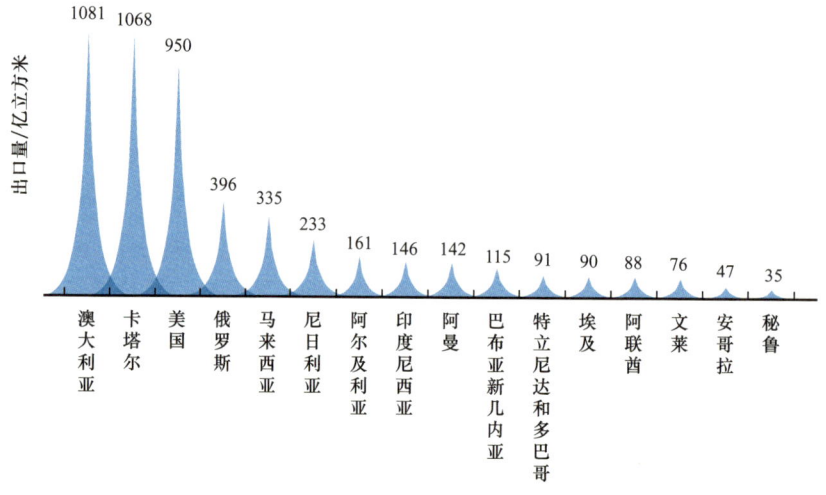

图 8.5　全球 LNG 出口量前 15 国
数据来源：bp《世界能源统计年鉴（2022）》

全球 LNG 再气化能力与进口国

截至 2022 年 4 月，全球 LNG 再气化能力接近 12266 亿米^3/年，LNG 接收终端 138 座，同时在建接收终端近 30 座。日本拥有全球最大的 LNG 再气化能力，接近 2875 亿米^3/年，但利用率仅 37%；韩国 LNG 再气化能力位居第二，为 1874 亿米^3/年，利用率仅 34%；中国 LNG 再气化能力位居第三，为 1264 亿米^3/年，利用率高达 84%。

LNG 进口方面，全球 LNG 进口国家和地区已经拓展到了 39 个。中国在 2021 年首次超过日本成为全球第一大 LNG 进口国，2021 年进口 1095 亿立方米，约占全球进口量的 21.2%；日本 2021 年进口 1013 亿立方米，约占全球的 19.6%；韩国是 LNG 第三大进口国，2021 年进口 641 亿立方米，约占全球的 12.4%。总的来看，包括日本、中国、韩国在内的亚太地区是 LNG 进口的最主要地区，2021 年进口总量 3718 亿立方米，约占全球 LNG 贸易量的 72.0%（图 8.6）。

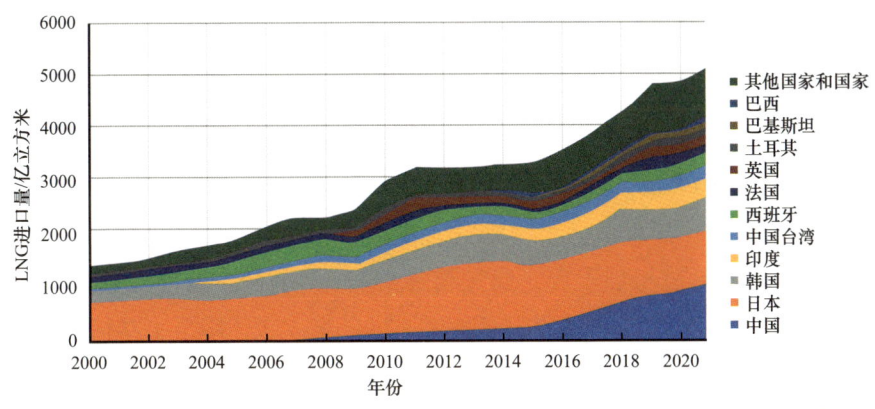

图 8.6 全球主要的 LNG 进口国家和地区及进口量曲线

数据来源：bp《世界能源统计年鉴（2022）》

LNG 运输船及运输路线

各种各样的 LNG 运输船，是 LNG 进行全球贸易的基础。在日益扩大的 LNG 市场带动下，LNG 运输船和运输量也在快速发展。截至 2022 年 4 月，全球共有 641 艘 LNG 运输船，包括 45 艘浮式存储和再气化装置、5 艘浮式储存装置，其中 2021 年新增了 64 艘运输船。2021 年，全球 LNG 运输达到 6708 航次，其中 4598 次是运往亚洲的；最多的航线是从澳大利亚到日本的，航次达到 452 次；日本、中国、韩国是接收船货最多的国家，分别接收 1523 航次、1192 航次、715 船次的 LNG。

8.4 为什么天然气消费峰谷差那么大？

天然气是一种清洁低碳的能源，主要应用领域包括居民、商业、发电、化工、工业燃料、建筑和交通等，由于资源禀赋的差异，不同国家的利用方式存在显著区别。天然气消费受季节影响很大，一般情况下是冬季用气多、夏季用气少，出现典型的峰谷差。我国天然气峰谷差极大，比如北京市，冬季用气高峰和夏季低谷比，可以相差 10 倍。

▰ 美国天然气消费结构与峰谷差

美国天然气消费季节性特征十分明显（图 8.7）。在冬季用气高峰期，天然气的消费量可以超过 30 亿米^3/天，而在夏季用气的低谷期，天然气消费量通常低于 20 亿米^3/天，峰谷差超过 10 亿米^3/天。2021 年 2 月，美国天然气消费量平均 30.78 亿米^3/天，而到了 5 月份，天然气消费量跌落至 19.13 亿米^3/天。分析后发现，居民和商业用气的下降，是导致天然气消费大幅下降的最主要原因，其中居民用气由 8.76 亿米^3/天下降至 1.97 亿米^3/天，约占天然气消费下降总量的 58%；商业用气由 4.97 亿米^3/天下降至 1.66 亿米^3/天，约占天然气消费下降总量的 28%；工业用气由 6.72 亿米^3/天下降至 5.95 亿米^3/天，约占天然气消费下降总量的 7%。因此，居民、商业和工业用气的季节消费特征，是美国天然气消费产生峰谷差的最主要原因。

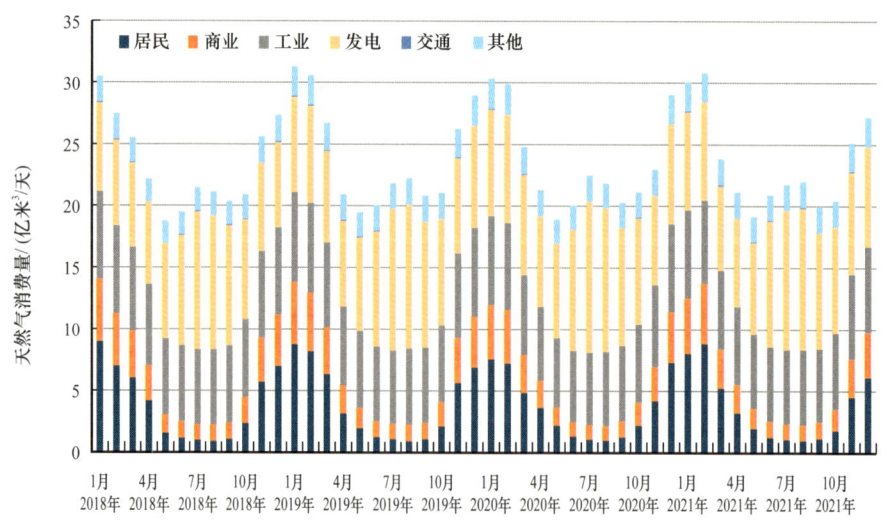

图 8.7 美国天然气消费结构与季节特征
数据来源：美国能源信息署

中国天然气消费结构与峰谷差

中国天然气消费增长十分迅速，2011年至2021年年均增长率高达10.9%，远高于全球2.2%的平均水平。根据《中国天然气发展报告（2021）》，2020年中国天然气消费量3280亿立方米，同比增长6.9%，占一次能源消费总量的8.4%。从消费结构看，工业燃料和城镇燃气用气占比基本持平，均在37%~38%，发电用气占比16%，化工用气占比9%。

从天然气月度消费量来看，作为快速增长的天然气市场，中国天然气消费呈现"淡季不淡、旺季更旺"的特征（图8.8）。在冬季供暖季节，天然气消费量要普遍高于其他月份，2021年12月天然气消费量最高至435亿立方米，2月最低在273亿立方米，峰谷差162亿立方米。具体来看，主要是我国北方冬季供暖天然气消费量大，尤其是"煤改气"政策之后，进一步加剧了峰谷差。

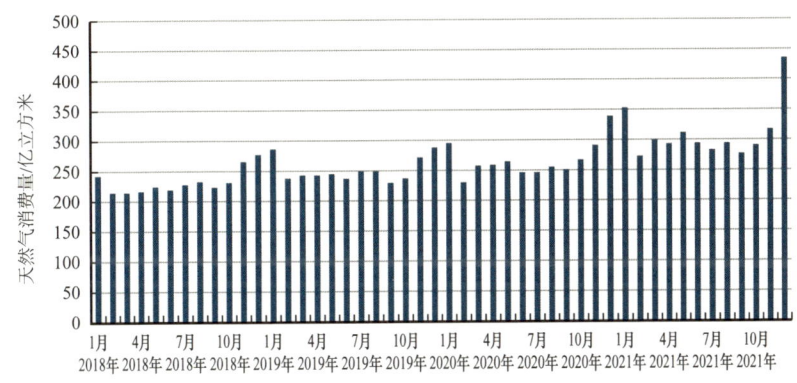

图8.8 中国天然气消费季节特征
数据来源：万得

天然气消费的峰谷差，对天然气的稳定供应带来非常大的挑战。如何在冬季的时候保证天然气的供给，避免天然气供应紧张，而又在夏季消费低谷的时候，促进天然气的利用，是困扰天然气行业发展的一大难题。如何削峰填谷？世界通行的做法是建设天然气储气装置，在用气少的季节把多余的天然气储存起来，到高峰期的时候再投入市场。目前，地下储气库是最主要的储气手段，在夏季将天然气注入地下，用时再采出来，成为各个国家的首选。美国储气库在夏季消费低谷期注入天然气，在冬季用气高峰期再采出天然气，有效保障了天然气的稳定供应（图 8.9）。

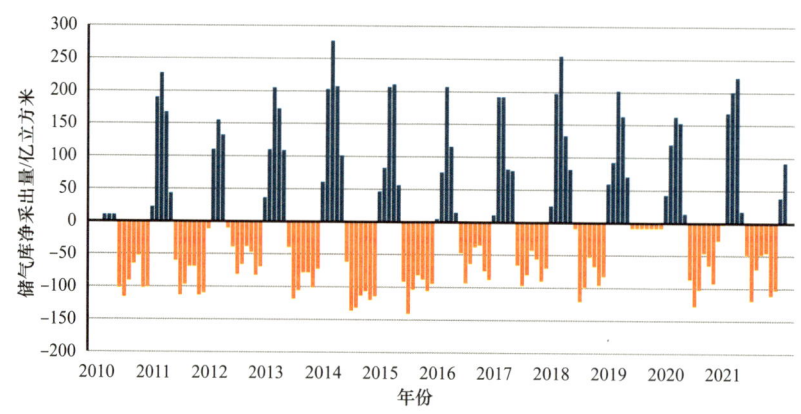

图 8.9 美国储气库天然气净采出量
数据来源：美国能源信息署

8.5 天然气发电有什么竞争力？

天然气发电的优势在于低碳清洁、调峰能力强，但各国受资源禀赋影响，天然气利用成本存在较大差异，在发电领域的利用程度也有明显不同。

■ 天然气发电的主要形式

天然气发电的主要形式有三类：一是简单循环发电，由燃气轮机和发电机组成；二是前置循环热电联产或发电，由燃气轮机及发电机与余热锅炉共同组成；三是联合循环发电或热电联产，由燃气轮机及发电机与余热锅炉、蒸汽轮机或供热式蒸汽轮机（抽汽式或背压式）共同组成。

■ 燃气发电的热力学优势

为了提高热效率、降低发电热耗率（标煤耗率），燃气发电常规采用燃气-蒸汽联合循环方式。

燃气联合循环是当今火电发电标煤耗较低的发电方式。当代大型 9F 级

八　相伴而行的天然气经济

燃气-蒸汽联合循环发电热效率高达58%~60%，比超超临界600兆瓦级、1000兆瓦级燃煤发电机组的热效率还要高10%~20%。

燃气发电的环境效益

燃气发电的环保优势十分突出，几乎无粉尘（PM2.5）排放，SO_2排放极低，经低氮燃烧器和烟气脱硝装置后NO_x排放非常低，CO_2等温室气体排放也仅为燃煤电厂的一半左右。将燃气轮机联合循环机组与燃煤汽轮机在发电节能（节省标煤）和减碳（CO_2）排放上作比较，同样100万机组，前者年节省标准煤20.2万吨，减碳（CO_2）157.6万吨。

燃气电厂启停迅速且选址灵活

天然气发电厂启停迅速，在夏季用电高峰期适于调节，调峰作用十分突出，调峰性能将进一步得到发挥。近年来，东部沿海地区不断优化调整电力结构，"控煤限煤"禁止新建或扩建燃煤电厂，对现役燃煤电厂节能增效要求"升级改造"、污染排放要求"超低排放"，达到燃气发电排放限值标准。然而，煤电改造投入耗资巨大，核电选址难且建设周期较长，可再生能源存在间断性、不稳定性和容量较小等问题。电力结构向清洁化、多元化优化调整进程中，天然气发电成为最佳选择。

此外，燃气发电系统比燃煤发电设备紧凑，占地面积更小，耗用水资源也只占燃煤电厂的三分之一左右。由于清洁环保，可在城市经济开发区或热力电力负荷中心布局，减少供热管网、高压输电设备的建设量并节约了线路走廊用地，降低了投资和运营成本，提高了经济效益。

天然气发电的成本挑战

美国天然气发电的规模发展，离不开其充足、廉价的天然气供应，而中国天然气发电发展滞后，主要也是因为其相对于煤电高昂的供应成本（表8.1）。但若在发电领域引入碳价，天然气发电的竞争力将会大幅度提高。根据国际能源署的估算，假设碳价为30美元/吨，在7%的折现率下，天然气发电的平均平准化发电成本为71美元/（兆瓦·时），已经显著低于煤炭的88美元/（兆瓦·时）。

表 8.1　既定政策情境下不同地区不同发电方式的成本

地区	发电方式	资本成本/美元/千瓦	装机规模影响/%	燃料、二氧化碳及操作维护成本/美元/(兆瓦·时)	发电成本/美元/(兆瓦·时)
美国	核电	5000	90	30	105
	煤电	2100	60	25	75
	气电	1000	50	30	55
	光伏发电	1220	21	10	50
	陆上风电	1560	42	10	35
	海上风电	4260	41	35	115
欧盟	核电	6600	75	35	150
	煤电	2000	40	70	130
	气电	1000	40	60	90
	光伏发电	840	13	10	55
	陆上风电	1560	28	15	55
	海上风电	3800	49	15	75
中国	核电	2600	80	25	65
	煤电	800	60	45	55
	气电	560	50	75	85
	光伏发电	790	17	10	40
	陆上风电	1220	25	15	50
	海上风电	3000	32	25	100

数据来源：国际能源署《世界能源展望报告（2021）》。

8.6　天然气贸易是如何定价的？

全球天然气贸易起步较晚，截至目前，北美、欧洲和亚太三个区域性天然气贸易市场最具代表性。

北美天然气贸易如何定价？

在美加管道天然气贸易历史中，加拿大最初以一个非常低的固定价格（0.22 美元/百万英热）向美国出口天然气。20 世纪 70 年代，加拿大能源局为了使天然气出口价格合理反映原油进口成本，提出了"替代值"的概念，并通过 Duncan-Lalonde 公式，将天然气出口价格与原油价格挂钩。美国与墨西哥的天然气贸易定价发展轨迹与加拿大相似，也是由最初的固定低价逐步发展到与原油价格挂钩，最后开始使用竞争性的价格。

20 世纪 70 年代，美国天然气进口价格管制解除，市场化定价机制及现货交易中心建立。1990 年天然气期货合约在纽约商品交易所上市，连通美国东北、东南、中西部及海湾地区天然气市场的亨利中心被选为天然气期货合约的交割点。目前，亨利中心价格已经成为北美天然气交易中的基准价，进口价格由天然气竞争确定，也就是与亨利中心价格相联系。国产天然气供应量和交易中心价格对进口数量和价格有直接影响，这就是气—气竞争的市场定价机制。

欧洲天然气贸易如何定价？

欧洲的天然气贸易，最初采用市场净回值和成本加成等定价机制，并使用"照付不议"条款来保障出口方的利益。19 世纪 80 年代后，各国开始引入市场竞争机制，相继形成了 NBP、TTF 等天然气交易中心价格。

目前，欧洲天然气的定价方式主要包括两种：第一种是挂钩汽油、燃料油等竞争能源，主要用于长期合同。第二种是挂钩交易中心价格，采取气间竞争的市场定价机制。总体来说，欧洲天然气市场定价机制正处于过渡阶段，大部分天然气价格仍然与以成品油为主的竞争燃料挂钩，然而与交易中心价格挂钩的市场定价机制正逐渐占据主导地位。

亚太地区天然气贸易如何定价？

亚太地区的天然气贸易以 LNG 长期协议为主，但现货和短期协议所占的份额正在不断增加。

LNG 价格公式中与原油价格挂钩的方式有直线和 S 曲线两种：

（1）直线价格公式： $P(\text{LNG})=C+S\times \text{JCC}$ （8.1）

（2）S 曲线价格公式：

油价低于适用区间的情况 $P(\text{LNG})=C_1+S_1\times \text{JCC}$ （8.2）

油价处于价格范围区间内 $P(\text{LNG})=C_2+S_2\times \text{JCC}$ （8.3）

油价高于适用区间的情况 $P(\text{LNG})=C_3+S_3\times \text{JCC}$ （8.4）

其中：P（LNG）是 LNG 进口价格；S 是挂钩系数，包含了单位转换系数；C 是常数，通常包含运费等其他费用。S 曲线价格公式在约定油价范围两端会调整挂钩系数和常数项，通常会将挂钩系数 S 降低。

8.7 为什么亚洲天然气溢价那么高？

与欧美高度市场化的"气对气"竞争定价机制不同，日本等大多数亚洲国家采用与原油进口平均价格挂钩的方式。在国际油价飙升时期，亚洲市场的天然气价格明显高于欧洲和美国，这种价格差异被称为"亚洲溢价"。

■ 定价机制区域差异推高"亚洲溢价"

日本早期的 LNG 协议价格固定为 0.5 美元/百万英热单位。1973 年的石油危机促使日本重新制定了 LNG 定价方式，挂靠日本清关原油价格（JCC）。到了 80 年代，油价处于低谷，日本开始为 LNG 价格制定上下限，这种方式可以保护买卖双方，不会因为油价过度剧烈波动而造成大量损失，这就是"S 曲线"。在运行逻辑上，JCC 的定价方式与欧美的"气对气"竞争定价机制有本质的区别，JCC 定价逐渐应用到韩国，且绝大部分的中国国有石油企业在和上游资源方签署长期 LNG 贸易合约时也会采用和原油价格挂钩的定价方式。

页岩气革命以来,北美市场天然气生产能力大幅提升,供应持续宽松。在"气对气"竞争的定价机制下,美国本地天然气价格下降较快。欧洲市场由于经济增长整体放慢,天然气消费需求处于缓慢增长态势。相比之下,亚洲市场的天然气消费增速最为强劲。与此同时,国际油价经历了2009年至2014年、2015年至2019年两个涨跌周期。需求量的大幅上升,刺激了亚洲LNG现货价格的飙涨,而油价的周期性波动使亚洲LNG价格也呈现类似的变化趋势。2018年,东北亚地区LNG进口均价为每百万英热单位9.41美元,而美国亨利交易中心(Henry Hub)、英国国家平衡点(NBP)现货全年均价每百万英热单位分别为3.16美元和8.05美元,美洲、欧洲、亚洲三地市场价格比为1∶2.5∶3(图8.10)。

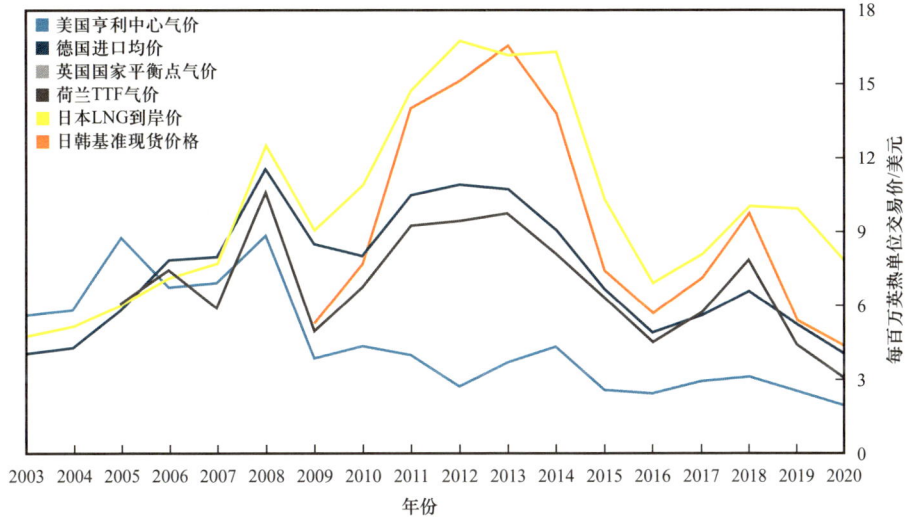

图8.10 世界主要天然气价格基准走势
数据来源:bp《世界能源统计年鉴(2022)》

需求缺乏弹性创造歧视定价机会

除定价机制差异外,从供需方面看,北美、欧洲和亚洲三个天然气市场的供需形势有所差异,导致"亚洲溢价"长期存在。亚太地区LNG进口量占全球LNG贸易总量的七成,日本、中国和韩国是全球LNG进口前三大国。天然气利用范围已遍及中日韩民用、商业、公共服务、工业等多个领域，成为亚洲民众日常生活和工商业活动的重要支柱。

亚太地区天然气需求相对缺乏弹性。在 2014 年以前，国际 LNG 市场一直是卖方主导，供需整体趋紧。2014 年之前，亚洲国家对 LNG 的采购需求集中爆发，但是澳大利亚、卡塔尔的新增产能无法快速释放，导致全球供需增量严重错配，形成了供不应求的卖方市场，也为出口国歧视定价创造了条件。

自 2015 年以来，澳洲、美国等国各大液化出口项目产能陆续释放，亚洲传统买家需求增速放缓，现货和短期合同贸易量比重不断增大，供需整体宽松，国际 LNG 市场逐渐从卖方市场转为买方市场，中日韩迎来了消除"亚洲溢价"的机遇期。

8.8 居民气价是如何形成的？

居民生活用气为通过城市燃气管网向居民家庭供应的所有燃气。天然气从地下到用户需要经过上游生产、中游运输及下游配售三个环节，相对应的天然气价格可以分为出厂价、管输费、配气费和终端用户价四个环节。居民生活购买燃气所支付的价格，即为终端用户价，定价以行政为主、市场为辅，由政府部门根据生产与供应成本再加合理利润确定。

常见的天然气价格机制

天然气产业链带有自然垄断特征，在市场发展初期通常都是非竞争性的市场，这段时期也以管制天然气价格为主。随着市场的发展，天然气基础设施不断完善，供应主体逐渐增多，竞争程度逐渐提高，天然气的价格也逐渐过渡到以竞争价格为主的体系。总的来看，建立有效的天然气批发市场是一个长期、多步骤的过程，需要政府、监管机构和竞争主体的共同参与（图 8.11）。目前，美国、英国等成熟国家均为竞争主导的市场定价体系，现货市场、期货市场均十分完备，而我国还处于管制与竞争并存、加速向市场化迈进的阶段。

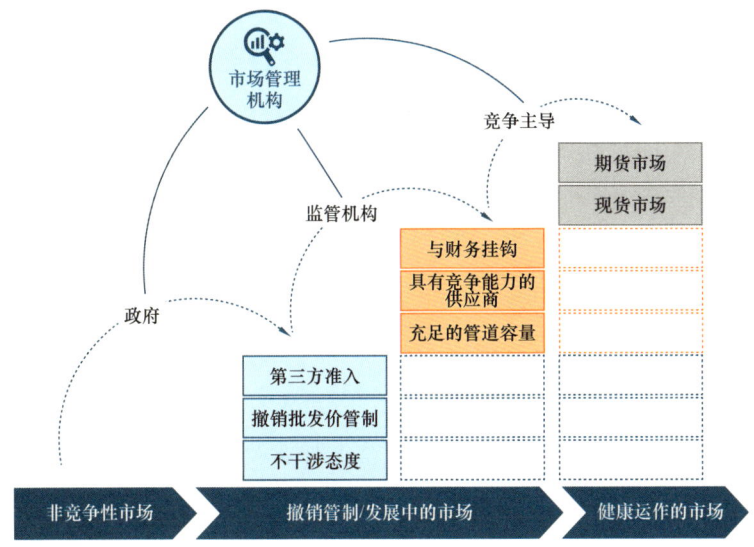

图 8.11　天然气市场发展步骤

根据国际天然气联盟的定义，各个国家天然气市场出现的价格机制主要有与油价挂钩、气气竞争、双向垄断、最终产品净回值、成本加成等（表 8.2）。

表 8.2　国际天然气联盟对各国定价机制的定义

与油价挂钩	与油价挂钩作价
气气竞争	参照商品市场交易价格作价
双向垄断	一个国家只存在一个主要供应商，同时也只存在一个或两个主要买方
最终产品净回值	卖方天然气销售价格反映买方销售其产品的价格
管制价格（成本加成）	政府根据供气商的成本和合理利润制定气价
管制价格（社会和政治因素）	政府根据卖方可能的成本、买方愿意支付的气价、政府收益需要等因素不定期调整气价
管制价格（低于成本）	政府故意将气价保持在低于成本的水平，以补贴国内用户，同时政府通过财政补贴供气商
没有价格	生产是突发的或免费提供给用户

我国天然气价格机制

成本加成定价和市场净回值定价是我国常见的两种定价机制。成本加成定价机制下，终端用户价格包括上游生产储存成本、上游生产商利润、中游管输费、管输企业利润、下游配气成本、下游销售公司利润。市场净回值定价下，天然气的销售价格与可替代能源（燃料油、液化天然气等）价格挂钩，在此基础上倒扣配气费、输配费用回推天然气各供应环节的价格。

在上游天然气出厂价格方面，大部分天然气类型已经完全市场化定价。2020年3月16日，国家发改委公布新的《中央定价目录》，自2020年5月1日起施行。目录指出，海上气、页岩气、煤层气、煤制气、液化天然气、直供用户用气、储气设施购销气、交易平台公开交易气，2015年以后投产的进口管道天然气，以及具备竞争条件省份天然气的门站价格，由市场形成；其他国产陆上管道天然气和2014年底前投产的进口管道天然气门站价格，暂按现行价格机制管理，视天然气市场化改革进程适时放开由市场形成。

在中游输送和下游配气环节，我国也出台了多项政策。2016年10月，《天然气管道运输价格管理办法（试行）》规定管道运输价格按照"准许成本加合理收益"原则制定，管道项目的内部收益率规定为8%。

在下游售气环节，目前我国对居民生活用气实行阶梯价格制度。

我国居民生活用气的阶梯价格制度

2014年3月，国家发改委发布《关于建立健全居民生活用气阶梯价格制度的指导意见》（发改价格〔2014〕467号），在全国范围内建立健全居民用气阶梯价格制度。文件规定了分档气量的确定、分档气价的安排、实施范围、计价周期等。

分档气量的确定，按照满足不同用气需求，将居民用气量分为三档，其中：第一档用气量，按覆盖区域内80%居民家庭用户的月均用气量确定，保障居

民基本生活用气需求；第二档用气量，按覆盖区域内 95% 居民家庭用户的月均用气量确定，体现改善和提高居民生活质量的合理用气需求；第三档用气量，为超出第二档的用气部分。

分档气价的安排，各档气量价格实行超额累进加价，其中：第一档气价，按照基本补偿供气成本的原则确定，并在一定时期内保持相对稳定；第二档气价，按照合理补偿成本、取得合理收益的原则制定，价格水平原则上与第一档气价保持 1.2 倍左右的比价；第三档气价，按照充分体现天然气资源稀缺程度、抑制过度消费的原则制定，价格水平原则上与第一档气价保持 1.5 倍左右的比价。

如表 8.3 所示，北京市居民用管道天然气销售价格第一档、第二档、第三档气价分别为 2.61 元 / 米^3、2.83 元 / 米^3、4.23 元 / 米^3。

表 8.3　北京市居民用管道天然气销售价格表

分档	户年用气量 / 立方米			销售价格 / 元 / 米^3
	一般生活用气（炊事、生活热水）	壁挂炉采暖用气	农村煤改气采暖用气	
第一档	0~350（含）	0~1500（含）	0~2500（含）	2.61
第二档	350~500（含）	1500~2500（含）	2500~3000（含）	2.83
第三档	500 以上	2500 以上	3000 以上	4.23
	执行居民价格的非居民户			2.63

数据来源：北京市发展和改革委员会《关于调整本市居民用天然气销售价格的通知》（京发改〔2019〕1543 号）。

8.9　何种储气方式最经济？

储气库在天然气产业链中占据重要的地位，对天然气季节调峰具有不可替代的作用。

储气库的主要类型

目前，天然气储气库技术已经很成熟，储气库也发展形成了盐穴储气库、废弃矿坑储气库、含水层储气库、枯竭油气藏储气库、硬岩洞穴储气库等（图8.12）。

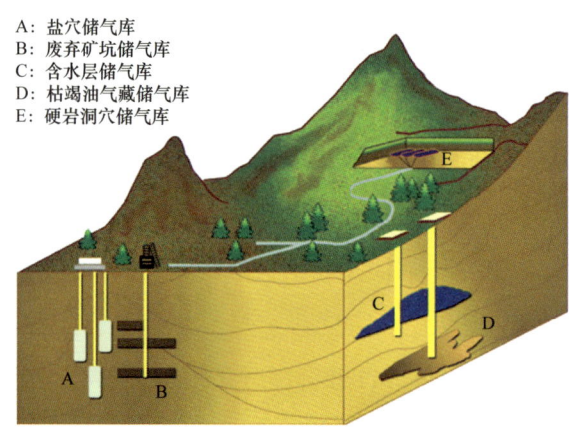

A：盐穴储气库
B：废弃矿坑储气库
C：含水层储气库
D：枯竭油气藏储气库
E：硬岩洞穴储气库

来源：美国能源信息署

图8.12 储气库的类型

主要国家储气库建设情况

美国是世界上天然气储气库最为丰富的国家。根据美国能源信息署统计，截至2016年，美国拥有各类型储气库415座，总储气能力9.24万亿立方英尺，总工作气量4.81万亿立方英尺，其中盐穴储气库0.50万亿立方英尺、含水层储气库0.45万亿立方英尺、枯竭油气藏储气库3.86万亿立方英尺。

中国天然气储气库发展较晚。截至2021年底，中国已累计建成储气库群28座，地下储气库调峰能力达165亿立方米。但是，中国天然气储气库工作气量仅为天然气消费量的4.4%，远低于发达国家10%~15%的水平。

储气库的运营成本

由于各国的地质条件、建库条件、管理模式及财务核算情况存在差异,目前统计发现的储气库单位投资和运营成本差异较大。以欧盟为例,对于储气库单位投资成本,油气藏型为 0.326~1.628 元/米^3,含水层类为 1.953~3.256 元/米^3,盐穴型为 2.604~4.558 元/米^3;对于储气库单位运营成本,油气藏型和含水层类均为 0.070~0.117 元/米^3,盐穴型为 0.117~0.582 元/米^3。总体而言,无论是储气库单位投资还是运营成本,盐穴型最高,含水层类次之,油气藏型最低。

在美国,服务成本定价、市场需求定价是确定储气费的两种主要方法。服务成本定价主要用于美国联邦能源监管委员会管理的州际储气库和独立储气库,而市场需求定价一般用于独立储气库。服务成本法中的储气费价格包括服务成本和合理范围内的投资回报,即按服务成本收取储气能力占用费和储气使用费。在两部制中,容量费与实际使用无关,而使用费按照实际注入/回采量收取。市场需求定价是综合合同价格、价格因素及市场需求,通过谈判方式确定。

在欧盟,储气费一般包含储气能力占用费和储气库使用费,其中储气能力占用费用于支付储气库注入与采出流量、库容占用而发生的费用;储气库使用费用于支付实际注入、采出天然气而发生的费用。储气费一般通过谈判确定,但地域、储气库类型、价格机制的差异导致各国储气费不尽相同,同时管制定价一般低于协商定价,盐穴储气库的储气费一般高于其他类型的储气库。储气业务竞争开放的国家和地区一般采用协商定价,而储气服务尚未开放的国家和地区一般采用政府管制定价。

参 考 文 献

白泽生，杨志，1996. 石油：世界与中国——走向国际化经营的中国石油工业［M］. 北京：石油工业出版社．

Daniel Johnston，1999. 国际油气财税制度与产量分成合同［M］. 朱起煌，译．北京：地震出版社．

国家统计局，2022. 2022中国统计年鉴［M］. 北京：中国统计出版社．

李文，王鸿雁，2006. 国民经济的命脉——石油经济［M］. 北京：石油工业出版社．

理查得·贝利，辛俊和，2003. 国际石油合作管理［M］. 王克宁，陆如泉，译．东营：石油大学出版社．

索尼亚·拉巴特，罗德尼·怀特，2010. 碳金融——碳减排良方还是金融陷阱［M］. 王震，译．北京：石油工业出版社．

唐旭，王建良，2017. 能源经济学［M］. 北京：石油工业出版社．

王建良，冯连勇，唐旭，2021. 国际石油经济学［M］. 3版．北京：石油工业出版社．

王震，2014. 中国与全球油气资源重点区域合作研究［M］. 北京：经济科学出版社．

王震，2022. 基于契约理论的油气资源开发机制研究［M］. 北京：石油工业出版社．

王震，鲍春莉，2021. 中国海洋能源发展报告［M］. 北京：石油工业出版社．

王震，刘明明，2016. 国际原油市场与衍生品交易［M］. 北京：中国金融出版社．

中国石油勘探开发研究院（RIPED），2022. 全球油气勘探开发形势及油公司动态（2022年）［M］. 北京：石油工业出版社．

缩写词含义

API	American Petroleum Institute	
	美国石油工程师协会	
bp	碧辟公司	
Brent	布伦特原油	
BWAVE	Brent Weighted Average	
	布伦特加权平均价格	
CCUS	Carbon Capture, Usage and Storage	
	碳捕捉，利用和存储	
CNG	Compressed Natural Gas	
	压缩天然气	
CTL	Coal to Liquid	
	煤基合成油	
DME	Dubai Mercantile Exchange Limited	
	迪拜商品交易所	
EIA	Energy Information Agency	
	美国能源信息署	
FOB	Free on Board	
	离岸价格	
GDP	Gross Domestic Product	
	国内生产总值	
GTL	Gas to Liquid	
	天然气合成油	
ICE	Intercontinental Exchange	
	洲际交易所	
IEA	International Energy Agency	
	国际能源署	
IEF	International Energy Forum	
	国际能源论坛	

IGU	International Gas Union	
	国际燃气联盟	
INE	Shanghai International Energy Exchange	
	上海国际能源交易中心	
IRR	Internal Rate of Return	
	内部收益率	
LNG	Liquefied Natural Gas	
	液化天然气	
LPG	Liquefied Petroleum Gas	
	液化石油气	
NBP	National Balancing Point	
	英国国家平衡点天然气价格	
NPV	Net Present Value	
	净现值	
OECD	Organization for Economic Co-operation and Development	
	经济合作与发展组织	
OPEC	Organization of the Petroleum Exporting Countries	
	石油输出国组织，简称"欧佩克"	
Platts	普氏能源资讯（现已被标普公司收购，也称"S&P Platts"）	
Urals	乌拉尔原油	
VLCC	Very Large Crude Carrier	
	特大型油轮	
WCS	Western Canadian Select Oil Price	
	加拿大精选原油价格	
WPC	World Petroleum Council	
	世界石油理事会	
WTI	West Texas Intermediate	
	西得克萨斯中间基原油	